I0177304

KOREANISCH
WORTSCHATZ

FÜR DAS SELBSTSTUDIUM

DEUTSCH
KOREANISCH

Die nützlichsten Wörter
Zur Erweiterung Ihres Wortschatzes und
Verbesserung der Sprachfertigkeit

3000 Wörter

Wortschatz Deutsch-Koreanisch für das Selbststudium - 3000 Wörter
Von Andrey Taranov

T&P Books Vokabelbücher sind dafür vorgesehen, beim Lernen einer Fremdsprache zu helfen, Wörter zu memorieren und zu wiederholen. Das Wörterbuch ist nach Themen aufgeteilt und deckt alle wichtigen Bereiche des täglichen Lebens, Berufs, Wissenschaft, Kultur etc. ab.

Durch das Benutzen der themenbezogenen T&P Books ergeben sich folgende Vorteile für den Lernprozess:

- Sachgemäß geordnete Informationen bestimmen den späteren Erfolg auf den darauffolgenden Stufen der Memorisierung
- Die Verfügbarkeit von Wörtern, die sich aus der gleichen Wurzel ableiten lassen, erlaubt die Memorisierung von Worteinheiten (mehr als bei einzeln stehenden Wörtern)
- Kleine Worteinheiten unterstützen den Aufbauprozess von assoziativen Verbindungen für die Festigung des Wortschatzes
- Die Kenntnis der Sprache kann aufgrund der Anzahl der gelernten Wörter eingeschätzt werden

T&P Books Publishing
www.tpbooks.com

ISBN: 978-1-78616-536-7

Dieses Buch ist auch im E-Book Format erhältlich.
Besuchen Sie uns auch auf www.tpbooks.com oder auf einer der bedeutenden Buchhandlungen online.

WORTSCHATZ DEUTSCH-KOREANISCH
für das Selbststudium

Die Vokabelbücher von T&P Books sind dafür vorgesehen, Ihnen beim Lernen einer Fremdsprache zu helfen, Wörter zu memorieren und zu wiederholen. Der Wortschatz enthält über 3000 häufig gebrauchte, thematisch geordnete Wörter.

- Der Wortschatz enthält die am häufigsten benutzten Wörter
- Eignet sich als Ergänzung zu jedem Sprachkurs
- Erfüllt die Bedürfnisse von Anfängern und fortgeschrittenen Lernenden von Fremdsprachen
- Praktisch für den täglichen Gebrauch, zur Wiederholung und um sich selbst zu testen
- Ermöglicht es, Ihren Wortschatz einzuschätzen

Besondere Merkmale des Wortschatzes:

- Wörter sind entsprechend ihrer Bedeutung und nicht alphabetisch organisiert
- Wörter werden in drei Spalten präsentiert, um das Wiederholen und den Selbstüberprüfungsprozess zu erleichtern
- Wortgruppen werden in kleinere Einheiten aufgespalten, um den Lernprozess zu fördern
- Der Wortschatz bietet eine praktische und einfache Lautschrift jedes Wortes der Fremdsprache

Der Wortschatz hat 101 Themen, einschließlich:

Grundbegriffe, Zahlen, Farben, Monate, Jahreszeiten, Maßeinheiten, Kleidung und Accessoires, Essen und Ernährung, Restaurant, Familienangehörige, Verwandte, Charaktereigenschaften, Empfindungen, Gefühle, Krankheiten, Großstadt, Kleinstadt, Sehenswürdigkeiten, Einkaufen, Geld, Haus, Zuhause, Büro, Import & Export, Marketing, Arbeitssuche, Sport, Ausbildung, Computer, Internet, Werkzeug, Natur, Länder, Nationalitäten und vieles mehr...

INHALT

Leitfaden für die Aussprache   8
Abkürzungen   10

GRUNDBEGRIFFE   11

1. Pronomen   11
2. Grüße. Begrüßungen   11
3. Fragen   12
4. Präpositionen   12
5. Funktionswörter. Adverbien. Teil 1   13
6. Funktionswörter. Adverbien. Teil 2   14

ZAHLEN. VERSCHIEDENES   16

7. Grundzahlen. Teil 1   16
8. Grundzahlen. Teil 2   17
9. Ordnungszahlen   17

FARBEN. MAßEINHEITEN   18

10. Farben   18
11. Maßeinheiten   18
12. Behälter   19

DIE WICHTIGSTEN VERBEN   21

13. Die wichtigsten Verben. Teil 1   21
14. Die wichtigsten Verben. Teil 2   22
15. Die wichtigsten Verben. Teil 3   23
16. Die wichtigsten Verben. Teil 4   23

ZEIT. KALENDER   25

17. Wochentage   25
18. Stunden. Tag und Nacht   25
19. Monate. Jahreszeiten   26

REISEN. HOTEL   28

20. Ausflug. Reisen   28
21. Hotel   28
22. Sehenswürdigkeiten   29

TRANSPORT   31

23. Flughafen   31
24. Flugzeug   32
25. Zug   32
26. Schiff   33

STADT   36

27. Innerstädtischer Transport   36
28. Stadt. Leben in der Stadt   37
29. Innerstädtische Einrichtungen   38
30. Schilder   39
31. Shopping   40

KLEIDUNG & ACCESSOIRES   42

32. Oberbekleidung. Mäntel   42
33. Herren- & Damenbekleidung   42
34. Kleidung. Unterwäsche   43
35. Kopfbekleidung   43
36. Schuhwerk   43
37. Persönliche Accessoires   44
38. Kleidung. Verschiedenes   44
39. Kosmetikartikel. Kosmetik   45
40. Armbanduhren Uhren   46

ALLTAGSERFAHRUNG   47

41. Geld   47
42. Post. Postdienst   48
43. Bankgeschäft   48
44. Telefon. Telefongespräche   49
45. Mobiltelefon   50
46. Bürobedarf   50
47. Fremdsprachen   51

MAHLZEITEN. RESTAURANT   53

48. Gedeck   53
49. Restaurant   53
50. Mahlzeiten   53
51. Gerichte   54
52. Essen   55

53. Getränke 57
54. Gemüse 58
55. Obst. Nüsse 59
56. Brot. Süßigkeiten 59
57. Gewürze 60

PERSÖNLICHE INFORMATIONEN. FAMILIE 61

58. Persönliche Informationen. Formulare 61
59. Familienmitglieder. Verwandte 61
60. Freunde. Arbeitskollegen 62

MENSCHLICHER KÖRPER. MEDIZIN 64

61. Kopf 64
62. Menschlicher Körper 65
63. Krankheiten 65
64. Symptome. Behandlungen. Teil 1 67
65. Symptome. Behandlungen. Teil 2 68
66. Symptome. Behandlungen. Teil 3 69
67. Medizin. Medikamente. Accessoires 69

WOHNUNG 71

68. Wohnung 71
69. Möbel. Innenausstattung 71
70. Bettwäsche 72
71. Küche 72
72. Bad 73
73. Haushaltsgeräte 74

DIE ERDE. WETTER 75

74. Weltall 75
75. Die Erde 76
76. Himmelsrichtungen 76
77. Meer. Ozean 77
78. Namen der Meere und Ozeane 78
79. Berge 79
80. Namen der Berge 79
81. Flüsse 80
82. Namen der Flüsse 81
83. Wald 81
84. natürliche Lebensgrundlagen 82
85. Wetter 83
86. Unwetter Naturkatastrophen 84

FAUNA 85

87. Säugetiere. Raubtiere 85
88. Tiere in freier Wildbahn 85

89. Haustiere   86
90. Vögel   87
91. Fische. Meerestiere   88
92. Amphibien Reptilien   89
93. Insekten   90

FLORA   91

94. Bäume   91
95. Büsche   91
96. Obst. Beeren   92
97. Blumen. Pflanzen   92
98. Getreide, Körner   94

LÄNDER DER WELT   95

99. Länder. Teil 1   95
100. Länder. Teil 2   96
101. Länder. Teil 3   96

LEITFADEN FÜR DIE AUSSPRACHE

Buchstabe	Koreanisch Beispiel	T&P phonetisches Alphabet	Deutsch Beispiel

Konsonanten

Buchstabe	Koreanisch Beispiel	T&P phonetisches Alphabet	Deutsch Beispiel
ㄱ [1]	개	[k]	Kalender
ㄱ [2]	아기	[g]	gelb
ㄲ	껌	[k]	gackern
ㄴ	눈	[n]	nicht
ㄷ [3]	달	[t]	still
ㄷ [4]	사다리	[d]	Detektiv
ㄸ	딸	[t]	Futter
ㄹ [5]	라디오	[r]	richtig
ㄹ [6]	십팔	[l]	Juli
ㅁ	문	[m]	Mitte
ㅂ [7]	봄	[p]	Polizei
ㅂ [8]	아버지	[b]	Brille
ㅃ	빵	[p]	Schuppe
ㅅ [9]	실	[s]	sein
ㅅ [10]	옷	[t]	still
ㅆ	쌀	[ja:]	Jacke
ㅇ [11]	강	[ŋg]	Grüngemüse
ㅈ [12]	집	[tɕ]	ähnlich wie tch oder tj in Brötchen oder tja
ㅈ [13]	아주	[dʑ]	Jeans
ㅉ	짬	[tɕ]	ähnlich wie in Deutsch
ㅊ	차	[t͡ɕh]	aspiriert [tsch]
ㅌ	택시	[th]	Mädchen
ㅋ	칼	[kh]	Flughafen
ㅍ	포도	[ph]	Abhang
ㅎ	한국	[h]	brauchbar

Buchstabe	Koreanisch Beispiel	T&P phonetisches Alphabet	Deutsch Beispiel

Vokale und Verbindungen mit Vokalen

Buchstabe	Koreanisch Beispiel	T&P phonetisches Alphabet	Deutsch Beispiel
ㅏ	사	[a]	schwarz
ㅑ	향	[ja]	Jacke
ㅓ	머리	[ʌ]	Gas
ㅕ	병	[jɑ]	Jacke
ㅗ	몸	[o]	orange
ㅛ	표	[jɔ]	Jordanien
ㅜ	물	[u]	kurz
ㅠ	슈퍼	[ju]	Verzeihung
ㅡ	음악	[ɪ]	Mitte
ㅣ	길	[i], [i:]	Wieviel
ㅐ	뱁	[ɛ], [ɛ:]	essen
ㅒ	애기	[je]	Petersilie
ㅔ	펜	[e]	Pferde
ㅖ	계산	[je]	Petersilie
ㅘ	왕	[wa]	schwanger
ㅙ	왜	[ʊə]	Unruhe
ㅚ	회의	[ø], [we]	können, web
ㅝ	권	[uɔ]	Spirituosen
ㅞ	웬	[ʊə]	Unruhe
ㅟ	쥐	[wi]	kiwi
ㅢ	거의	[ɯi]	Kombination [ɪi]

Anmerkungen

[1] am Wortanfang
[2] zwischen stimmhaften Lauten
[3] am Wortanfang
[4] zwischen stimmhaften Lauten
[5] am Silbenanfang
[6] am Silbenende
[7] am Wortanfang
[8] zwischen stimmhaften Lauten
[9] am Silbenanfang
[10] am Silbenende
[11] am Silbenende
[12] am Wortanfang
[13] zwischen stimmhaften Lauten

ABKÜRZUNGEN
die im Vokabular verwendet werden

Deutsch. Abkürzungen

Adj	-	Adjektiv
Adv	-	Adverb
Amtsspr.	-	Amtssprache
f	-	Femininum
f, n	-	Femininum, Neutrum
Fem.	-	Femininum
m	-	Maskulinum
m, f	-	Maskulinum, Femininum
m, n	-	Maskulinum, Neutrum
Mask.	-	Maskulinum
n	-	Neutrum
pl	-	Plural
Sg.	-	Singular
ugs.	-	umgangssprachlich
unzähl.	-	unzählbar
usw.	-	und so weiter
v mod	-	Modalverb
vi	-	intransitives Verb
vi, vt	-	intransitives, transitives Verb
vt	-	transitives Verb
zähl.	-	zählbar
z.B.	-	zum Beispiel

GRUNDBEGRIFFE

1. Pronomen

ich	나, 저	na
du	너	neo
er	그, 그분	geu, geu-bun
sie	그녀	geu-nyeo
es	그것	geu-geot
wir	우리	u-ri
ihr	너희	neo-hui
Sie (Sg.)	당신	dang-sin
sie	그들	geu-deul

2. Grüße. Begrüßungen

Hallo! (ugs.)	안녕!	an-nyeong!
Hallo! (Amtsspr.)	안녕하세요!	an-nyeong-ha-se-yo!
Guten Morgen!	안녕하세요!	an-nyeong-ha-se-yo!
Guten Tag!	안녕하세요!	an-nyeong-ha-se-yo!
Guten Abend!	안녕하세요!	an-nyeong-ha-se-yo!
grüßen (vi, vt)	인사하다	in-sa-ha-da
Hallo! (ugs.)	안녕!	an-nyeong!
Gruß (m)	인사	in-sa
begrüßen (vt)	인사하다	in-sa-ha-da
Wie geht's?	잘 지내세요?	jal ji-nae-se-yo?
Was gibt es Neues?	어떻게 지내?	eo-tteo-ke ji-nae?
Auf Wiedersehen!	안녕히 가세요!	an-nyeong-hi ga-se-yo!
Bis bald!	또 만나요!	tto man-na-yo!
Lebe wohl!	잘 있어!	jal ri-seo!
Leben Sie wohl!	안녕히 계세요!	an-nyeong-hi gye-se-yo!
sich verabschieden	작별인사를 하다	jak-byeo-rin-sa-reul ha-da
Tschüs!	안녕!	an-nyeong!
Danke!	감사합니다!	gam-sa-ham-ni-da!
Dankeschön!	대단히 감사합니다!	dae-dan-hi gam-sa-ham-ni-da!
Bitte (Antwort)	천만이에요	cheon-man-i-e-yo
Keine Ursache.	천만의 말씀입니다	cheon-man-ui mal-sseum-im-ni-da
Nichts zu danken.	천만에	cheon-man-e
Entschuldige!	실례!	sil-lye!
Entschuldigung!	실례합니다!	sil-lye-ham-ni-da!

entschuldigen (vt)	용서하다	yong-seo-ha-da
sich entschuldigen	사과하다	sa-gwa-ha-da
Verzeihung!	사과드립니다	sa-gwa-deu-rim-ni-da
Es tut mir leid!	죄송합니다!	joe-song-ham-ni-da!
verzeihen (vt)	용서하다	yong-seo-ha-da
bitte (Die Rechnung, ~!)	부탁합니다	bu-tak-am-ni-da

Nicht vergessen!	잊지 마십시오!	it-ji ma-sip-si-o!
Natürlich!	물론이에요!	mul-lon-i-e-yo!
Natürlich nicht!	물론 아니에요!	mul-lon a-ni-e-yo!
Gut! Okay!	그래요!	geu-rae-yo!
Es ist genug!	그만!	geu-man!

3. Fragen

Wer?	누구?	nu-gu?
Was?	무엇?	mu-eot?
Wo?	어디?	eo-di?
Wohin?	어디로?	eo-di-ro?
Woher?	어디로부터?	eo-di-ro-bu-teo?
Wann?	언제?	eon-je?
Wozu?	왜?	wae?
Warum?	왜?	wae?

Wofür?	무엇을 위해서?	mu-eos-eul rwi-hae-seo?
Wie?	어떻게?	eo-tteo-ke?
Welcher?	어떤?	eo-tteon?

Wem?	누구에게?	nu-gu-e-ge?
Über wen?	누구에 대하여?	nu-gu-e dae-ha-yeo?
Wovon? (~ sprichst du?)	무엇에 대하여?	mu-eos-e dae-ha-yeo?
Mit wem?	누구하고?	nu-gu-ha-go?

| Wie viel? Wie viele? | 얼마? | eol-ma? |
| Wessen? | 누구의? | nu-gu-ui? |

4. Präpositionen

mit (Frau ~ Katzen)	⋯ 하고	… ha-go
ohne (~ Dich)	없이	eop-si
nach (~ London)	⋯ 에	… e
über (~ Geschäfte sprechen)	⋯ 에 대하여	… e dae-ha-yeo
vor (z.B. ~ acht Uhr)	전에	jeon-e
vor (z.B. ~ dem Haus)	⋯ 앞에	… a-pe

unter (~ dem Schirm)	밑에	mi-te
über (~ dem Meeresspiegel)	위에	wi-e
auf (~ dem Tisch)	위에	wi-e
aus (z.B. ~ München)	⋯ 에서	… e-seo
aus (z.B. ~ Porzellan)	⋯ 로	… ro
in (~ zwei Tagen)	⋯ 안에	… a-ne
über (~ zaun)	너머	dwi-e

5. Funktionswörter. Adverbien. Teil 1

Wo?	어디?	eo-di?
hier	여기	yeo-gi
dort	거기	geo-gi

| irgendwo | 어딘가 | eo-din-ga |
| nirgends | 어디도 | eo-di-do |

| an (bei) | 옆에 | yeo-pe |
| am Fenster | 창문 옆에 | chang-mun nyeo-pe |

Wohin?	어디로?	eo-di-ro?
hierher	여기로	yeo-gi-ro
dahin	거기로	geo-gi-ro
von hier	여기서	yeo-gi-seo
von da	거기서	geo-gi-seo

| nah (Adv) | 가까이 | ga-kka-i |
| weit, fern (Adv) | 멀리 | meol-li |

in der Nähe von ...	근처에	geun-cheo-e
in der Nähe	인근에	in-geu-ne
unweit (~ unseres Hotels)	멀지 않게	meol-ji an-ke

link (Adj)	왼쪽의	oen-jjo-gui
links (Adv)	왼쪽에	oen-jjo-ge
nach links	왼쪽으로	oen-jjo-geu-ro

recht (Adj)	오른쪽의	o-reun-jjo-gui
rechts (Adv)	오른쪽에	o-reun-jjo-ge
nach rechts	오른쪽으로	o-reun-jjo-geu-ro

vorne (Adv)	앞쪽에	ap-jjo-ge
Vorder-	앞의	a-pui
vorwärts	앞으로	a-peu-ro

hinten (Adv)	뒤에	dwi-e
von hinten	뒤에서	dwi-e-seo
rückwärts (Adv)	뒤로	dwi-ro

| Mitte (f) | 가운데 | ga-un-de |
| in der Mitte | 가운데에 | ga-un-de-e |

seitlich (Adv)	옆에	yeo-pe
überall (Adv)	모든 곳에	mo-deun gos-e
ringsherum (Adv)	주위에	ju-wi-e

von innen (Adv)	내면에서	nae-myeon-e-seo
irgendwohin (Adv)	어딘가에	eo-din-ga-e
geradeaus (Adv)	똑바로	ttok-ba-ro
zurück (Adv)	뒤로	dwi-ro

| irgendwoher (Adv) | 어디에서든지 | eo-di-e-seo-deun-ji |
| von irgendwo (Adv) | 어디로부터인지 | eo-di-ro-bu-teo-in-ji |

erstens	첫째로	cheot-jjae-ro
zweitens	둘째로	dul-jjae-ro
drittens	셋째로	set-jjae-ro

plötzlich (Adv)	갑자기	gap-ja-gi
zuerst (Adv)	처음에	cheo-eum-e
zum ersten Mal	처음으로	cheo-eu-meu-ro
lange vor...	··· 오래 전에	... o-rae jeon-e
von Anfang an	다시	da-si
für immer	영원히	yeong-won-hi

nie (Adv)	절대로	jeol-dae-ro
wieder (Adv)	다시	da-si
jetzt (Adv)	이제	i-je
oft (Adv)	자주	ja-ju
damals (Adv)	그때	geu-ttae
dringend (Adv)	급히	geu-pi
gewöhnlich (Adv)	보통으로	bo-tong-eu-ro

übrigens, ...	그건 그렇고, ···	geu-geon geu-reo-ko, ...
möglicherweise (Adv)	가능한	ga-neung-han
wahrscheinlich (Adv)	아마	a-ma
vielleicht (Adv)	어쩌면	eo-jjeo-myeon
außerdem ...	게다가 ···	ge-da-ga ...
deshalb ...	그래서 ···	geu-rae-seo ...
trotz ...	··· 에도 불구하고	... e-do bul-gu-ha-go
dank ...	··· 덕분에	... deok-bun-e

etwas	무엇인가	mu-eon-nin-ga
irgendwas	무엇이든지	mu-eon-ni-deun-ji
nichts	아무것도	a-mu-geot-do

jemand	누구	nu-gu
irgendwer	누군가	nu-gun-ga

niemand	아무도	a-mu-do
nirgends	아무데도	a-mu-de-do
niemandes (~ Eigentum)	누구의 것도 아닌	nu-gu-ui geot-do a-nin
jemandes	누군가의	nu-gun-ga-ui

so (derart)	그래서	geu-rae-seo
auch	역시	yeok-si
ebenfalls	또한	tto-han

6. Funktionswörter. Adverbien. Teil 2

Warum?	왜?	wae?
aus irgendeinem Grund	어떤 이유로	eo-tteon ni-yu-ro
weil ...	왜냐하면 ···	wae-nya-ha-myeon ...
zu irgendeinem Zweck	어떤 목적으로	eo-tteon mok-jeo-geu-ro

und	그리고	geu-ri-go
oder	또는	tto-neun
aber	그러나	geu-reo-na

für (präp)	위해서	wi-hae-seo
zu (~ viele)	너무	neo-mu
nur (~ einmal)	··· 만	... man
genau (Adv)	정확하게	jeong-hwak-a-ge
etwa	약	yak

ungefähr (Adv)	대략	dae-ryak
ungefähr (Adj)	대략적인	dae-ryak-jeo-gin
fast	거의	geo-ui
Übrige (n)	나머지	na-meo-ji

jeder (~ Mann)	각각의	gak-ga-gui
beliebig (Adj)	아무	a-mu
viel	많이	ma-ni
viele Menschen	많은 사람들	ma-neun sa-ram-deul
alle (wir ~)	모두	mo-du

im Austausch gegen ...	··· 의 교환으로	... ui gyo-hwa-neu-ro
dafür (Adv)	교환으로	gyo-hwa-neu-ro
mit der Hand (Hand-)	수공으로	su-gong-eu-ro
schwerlich (Adv)	거의	geo-ui

wahrscheinlich (Adv)	아마	a-ma
absichtlich (Adv)	일부러	il-bu-reo
zufällig (Adv)	우연히	u-yeon-hi

sehr (Adv)	아주	a-ju
zum Beispiel	예를 들면	ye-reul deul-myeon
zwischen	사이에	sa-i-e
unter (Wir sind ~ Mördern)	중에	jung-e
so viele (~ Ideen)	이만큼	i-man-keum
besonders (Adv)	특히	teuk-i

ZAHLEN. VERSCHIEDENES

7. Grundzahlen. Teil 1

null	영	yeong
eins	일	il
zwei	이	i
drei	삼	sam
vier	사	sa
fünf	오	o
sechs	육	yuk
sieben	칠	chil
acht	팔	pal
neun	구	gu
zehn	십	sip
elf	십일	si-bil
zwölf	십이	si-bi
dreizehn	십삼	sip-sam
vierzehn	십사	sip-sa
fünfzehn	십오	si-bo
sechzehn	십육	si-byuk
siebzehn	십칠	sip-chil
achtzehn	십팔	sip-pal
neunzehn	십구	sip-gu
zwanzig	이십	i-sip
einundzwanzig	이십일	i-si-bil
zweiundzwanzig	이십이	i-si-bi
dreiundzwanzig	이십삼	i-sip-sam
dreißig	삼십	sam-sip
einunddreißig	삼십일	sam-si-bil
zweiunddreißig	삼십이	sam-si-bi
dreiunddreißig	삼십삼	sam-sip-sam
vierzig	사십	sa-sip
einundvierzig	사십일	sa-si-bil
zweiundvierzig	사십이	sa-si-bi
dreiundvierzig	사십삼	sa-sip-sam
fünfzig	오십	o-sip
einundfünfzig	오십일	o-si-bil
zweiundfünfzig	오십이	o-si-bi
dreiundfünfzig	오십삼	o-sip-sam
sechzig	육십	yuk-sip
einundsechzig	육십일	yuk-si-bil

| zweiundsechzig | 육십이 | yuk-si-bi |
| dreiundsechzig | 육십삼 | yuk-sip-sam |

siebzig	칠십	chil-sip
einundsiebzig	칠십일	chil-si-bil
zweiundsiebzig	칠십이	chil-si-bi
dreiundsiebzig	칠십삼	chil-sip-sam

achtzig	팔십	pal-sip
einundachtzig	팔십일	pal-si-bil
zweiundachtzig	팔십이	pal-si-bi
dreiundachtzig	팔십삼	pal-sip-sam

neunzig	구십	gu-sip
einundneunzig	구십일	gu-si-bil
zweiundneunzig	구십이	gu-si-bi
dreiundneunzig	구십삼	gu-sip-sam

8. Grundzahlen. Teil 2

einhundert	백	baek
zweihundert	이백	i-baek
dreihundert	삼백	sam-baek
vierhundert	사백	sa-baek
fünfhundert	오백	o-baek

sechshundert	육백	yuk-baek
siebenhundert	칠백	chil-baek
achthundert	팔백	pal-baek
neunhundert	구백	gu-baek

eintausend	천	cheon
zweitausend	이천	i-cheon
dreitausend	삼천	sam-cheon
zehntausend	만	man
hunderttausend	십만	sim-man
Million (f)	백만	baeng-man
Milliarde (f)	십억	si-beok

9. Ordnungszahlen

der erste	첫 번째의	cheot beon-jjae-ui
der zweite	두 번째의	du beon-jjae-ui
der dritte	세 번째의	se beon-jjae-ui
der vierte	네 번째의	ne beon-jjae-ui
der fünfte	다섯 번째의	da-seot beon-jjae-ui

der sechste	여섯 번째의	yeo-seot beon-jjae-ui
der siebte	일곱 번째의	il-gop beon-jjae-ui
der achte	여덟 번째의	yeo-deol beon-jjae-ui
der neunte	아홉 번째의	a-hop beon-jjae-ui
der zehnte	열 번째의	yeol beon-jjae-ui

FARBEN. MAßEINHEITEN

10. Farben

Farbe (f)	색	sae
Schattierung (f)	색조	saek-jo
Farbton (m)	색상	saek-sang
Regenbogen (m)	무지개	mu-ji-gae
weiß	흰	huin
schwarz	검은	geo-meun
grau	회색의	hoe-sae-gui
grün	초록색의	cho-rok-sae-gui
gelb	노란	no-ran
rot	빨간	ppal-gan
blau	파란	pa-ran
hellblau	하늘색의	ha-neul-sae-gui
rosa	분홍색의	bun-hong-sae-gui
orange	주황색의	ju-hwang-sae-gui
violett	보라색의	bo-ra-sae-gui
braun	갈색의	gal-sae-gui
golden	금색의	geum-sae-gui
silbrig	은색의	eun-sae-gui
beige	베이지색의	be-i-ji-sae-gui
cremefarben	크림색의	keu-rim-sae-gui
türkis	청록색의	cheong-nok-sae-gui
kirschrot	암적색의	am-jeok-sae-gui
lila	연보라색의	yeon-bo-ra-sae-gui
himbeerrot	진홍색의	jin-hong-sae-gui
hell	밝은	bal-geun
dunkel	짙은	ji-teun
grell	선명한	seon-myeong-han
Farb- (z.B. -stifte)	색의	sae-gui
Farb- (z.B. -film)	컬러의	keol-leo-ui
schwarz-weiß	흑백의	heuk-bae-gui
einfarbig	단색의	dan-sae-gui
bunt	다색의	da-sae-gui

11. Maßeinheiten

Gewicht (n)	무게	mu-ge
Länge (f)	길이	gi-ri

Breite (f)	폭, 너비	pok, neo-bi
Höhe (f)	높이	no-pi
Tiefe (f)	깊이	gi-pi
Volumen (n)	부피	bu-pi
Fläche (f)	면적	myeon-jeok

Gramm (n)	그램	geu-raem
Milligramm (n)	밀리그램	mil-li-geu-raem
Kilo (n)	킬로그램	kil-lo-geu-raem
Tonne (f)	톤	ton
Pfund (n)	파운드	pa-un-deu
Unze (f)	온스	on-seu

Meter (m)	미터	mi-teo
Millimeter (m)	밀리미터	mil-li-mi-teo
Zentimeter (m)	센티미터	sen-ti-mi-teo
Kilometer (m)	킬로미터	kil-lo-mi-teo
Meile (f)	마일	ma-il

Zoll (m)	인치	in-chi
Fuß (m)	피트	pi-teu
Yard (n)	야드	ya-deu

| Quadratmeter (m) | 제곱미터 | je-gom-mi-teo |
| Hektar (n) | 헥타르 | hek-ta-reu |

Liter (m)	리터	ri-teo
Grad (m)	도	do
Volt (n)	볼트	bol-teu
Ampere (n)	암페어	am-pe-eo
Pferdestärke (f)	마력	ma-ryeok

Anzahl (f)	수량, 양	su-ryang, yang
etwas …	… 조금	… jo-geum
Hälfte (f)	절반	jeol-ban
Dutzend (n)	다스	da-seu
Stück (n)	조각	jo-gak

| Größe (f) | 크기 | keu-gi |
| Maßstab (m) | 축척 | chuk-cheok |

minimal (Adj)	최소의	choe-so-ui
der kleinste	가장 작은	ga-jang ja-geun
mittler, mittel-	중간의	jung-gan-ui
maximal (Adj)	최대의	choe-dae-ui
der größte	가장 큰	ga-jang keun

12. Behälter

Glas (Einmachglas)	유리병	yu-ri-byeong
Dose (z.B. Bierdose)	캔, 깡통	kaen, kkang-tong
Eimer (m)	양동이	yang-dong-i
Fass (n), Tonne (f)	통	tong
Waschschüssel (n)	대야	dae-ya

Tank (m)	탱크	taeng-keu
Flachmann (m)	휴대용 술병	hyu-dae-yong sul-byeong
Kanister (m)	통	tong
Zisterne (f)	탱크	taeng-keu

Kaffeebecher (m)	머그컵	meo-geu-keop
Tasse (f)	컵	keop
Untertasse (f)	받침 접시	bat-chim jeop-si
Wasserglas (n)	유리잔	yu-ri-jan
Weinglas (n)	와인글라스	wa-in-geul-la-seu
Kochtopf (m)	냄비	naem-bi

| Flasche (f) | 병 | byeong |
| Flaschenhals (m) | 병목 | byeong-mok |

Karaffe (f)	디캔터	di-kaen-teo
Tonkrug (m)	물병	mul-byeong
Gefäß (n)	용기	yong-gi
Tontopf (m)	항아리	hang-a-ri
Vase (f)	화병	hwa-byeong

Flakon (n)	향수병	hyang-su-byeong
Fläschchen (n)	약병	yak-byeong
Tube (z.B. Zahnpasta)	튜브	tyu-beu

Sack (~ Kartoffeln)	자루	ja-ru
Tüte (z.B. Plastiktüte)	봉투	bong-tu
Schachtel (f) (z.B. Zigaretten~)	갑	gap

Karton (z.B. Schuhkarton)	박스	bak-seu
Kiste (z.B. Bananenkiste)	상자	sang-ja
Korb (m)	바구니	ba-gu-ni

DIE WICHTIGSTEN VERBEN

13. Die wichtigsten Verben. Teil 1

abbiegen (nach links ~)	돌다	dol-da
abschicken (vt)	보내다	bo-nae-da
ändern (vt)	바꾸다	ba-kku-da
andeuten (vt)	힌트를 주다	hin-teu-reul ju-da
Angst haben	무서워하다	mu-seo-wo-ha-da
ankommen (vi)	도착하다	do-chak-a-da
antworten (vi)	대답하다	dae-da-pa-da
arbeiten (vi)	일하다	il-ha-da
auf ... zählen	... 에 의지하다	... e ui-ji-ha-da
aufbewahren (vt)	보관하다	bo-gwan-ha-da
aufschreiben (vt)	적다	jeok-da
ausgehen (vi)	나가다	na-ga-da
aussprechen (vt)	발음하다	ba-reum-ha-da
bedauern (vt)	후회하다	hu-hoe-ha-da
bedeuten (vt)	의미하다	ui-mi-ha-da
beenden (vt)	끝내다	kkeun-nae-da
befehlen (Milit.)	명령하다	myeong-nyeong-ha-da
befreien (Stadt usw.)	해방하다	hae-bang-ha-da
beginnen (vt)	시작하다	si-jak-a-da
bemerken (vt)	알아차리다	a-ra-cha-ri-da
beobachten (vt)	지켜보다	ji-kyeo-bo-da
berühren (vt)	닿다	da-ta
besitzen (vt)	소유하다	so-yu-ha-da
besprechen (vt)	의논하다	ui-non-ha-da
bestehen auf	주장하다	ju-jang-ha-da
bestellen (im Restaurant)	주문하다	ju-mun-ha-da
bestrafen (vt)	처벌하다	cheo-beol-ha-da
beten (vi)	기도하다	gi-do-ha-da
bitten (vt)	부탁하다	bu-tak-a-da
brechen (vt)	깨뜨리다	kkae-tteu-ri-da
denken (vi, vt)	생각하다	saeng-gak-a-da
drohen (vi)	협박하다	hyeop-bak-a-da
Durst haben	목마르다	mong-ma-reu-da
einladen (vt)	초대하다	cho-dae-ha-da
einstellen (vt)	그만두다	geu-man-du-da
einwenden (vt)	반대하다	ban-dae-ha-da
empfehlen (vt)	추천하다	chu-cheon-ha-da
erklären (vt)	설명하다	seol-myeong-ha-da
erlauben (vt)	허가하다	heo-ga-ha-da

ermorden (vt)	죽이다	ju-gi-da
erwähnen (vt)	언급하다	eon-geu-pa-da
existieren (vi)	존재하다	jon-jae-ha-da

14. Die wichtigsten Verben. Teil 2

fallen (vi)	떨어지다	tteo-reo-ji-da
fallen lassen	떨어뜨리다	tteo-reo-tteu-ri-da
fangen (vt)	잡다	jap-da
finden (vt)	찾다	chat-da
fliegen (vi)	날다	nal-da

folgen (Folge mir!)	··· 를 따라가다	... reul tta-ra-ga-da
fortsetzen (vt)	계속하다	gye-sok-a-da
fragen (vt)	묻다	mut-da
frühstücken (vi)	아침을 먹다	a-chi-meul meok-da
geben (vt)	주다	ju-da

gefallen (vi)	좋아하다	jo-a-ha-da
gehen (zu Fuß gehen)	가다	ga-da
gehören (vi)	··· 에 속하다	... e sok-a-da
graben (vt)	파다	pa-da

haben (vt)	가지다	ga-ji-da
helfen (vi)	도와주다	do-wa-ju-da
herabsteigen (vi)	내려오다	nae-ryeo-o-da
hereinkommen (vi)	들어가다	deu-reo-ga-da

hoffen (vi)	희망하다	hui-mang-ha-da
hören (vt)	듣다	deut-da
hungrig sein	배가 고프다	bae-ga go-peu-da
informieren (vt)	알리다	al-li-da
jagen (vi)	사냥하다	sa-nyang-ha-da

kennen (vt)	알다	al-da
klagen (vi)	불평하다	bul-pyeong-ha-da
können (v mod)	할 수 있다	hal su it-da
kontrollieren (vt)	제어하다	je-eo-ha-da
kosten (vt)	값이 ··· 이다	gap-si ... i-da

kränken (vt)	모욕하다	mo-yok-a-da
lächeln (vi)	미소를 짓다	mi-so-reul jit-da
lachen (vi)	웃다	ut-da
laufen (vi)	달리다	dal-li-da
leiten (Betrieb usw.)	운영하다	u-nyeong-ha-da

lernen (vt)	공부하다	gong-bu-ha-da
lesen (vi, vt)	읽다	ik-da
lieben (vt)	사랑하다	sa-rang-ha-da
machen (vt)	하다	ha-da

mieten (Haus usw.)	임대하다	im-dae-ha-da
nehmen (vt)	잡다	jap-da
noch einmal sagen	반복하다	ban-bok-a-da

| nötig sein | 필요하다 | pi-ryo-ha-da |
| öffnen (vt) | 열다 | yeol-da |

15. Die wichtigsten Verben. Teil 3

planen (vt)	계획하다	gye-hoek-a-da
prahlen (vi)	자랑하다	ja-rang-ha-da
raten (vt)	조언하다	jo-eon-ha-da
rechnen (vt)	세다	se-da
reservieren (vt)	예약하다	ye-yak-a-da

retten (vt)	구조하다	gu-jo-ha-da
richtig raten (vt)	추측하다	chu-cheuk-a-da
rufen (um Hilfe ~)	부르다, 요청하다	bu-reu-da, yo-cheong-ha-da
sagen (vt)	말하다	mal-ha-da
schaffen (Etwas Neues zu ~)	창조하다	chang-jo-ha-da

schelten (vt)	꾸짖다	kku-jit-da
schießen (vi)	쏘다	sso-da
schmücken (vt)	장식하다	jang-sik-a-da
schreiben (vi, vt)	쓰다	sseu-da
schreien (vi)	소리치다	so-ri-chi-da

schweigen (vi)	침묵을 지키다	chim-mu-geul ji-ki-da
schwimmen (vi)	수영하다	su-yeong-ha-da
schwimmen gehen	수영하다	su-yeong-ha-da
sehen (vi, vt)	보다	bo-da

| sich beeilen | 서두르다 | seo-du-reu-da |
| sich entschuldigen | 사과하다 | sa-gwa-ha-da |

sich interessieren	⋯ 에 관심을 가지다	… e gwan-si-meul ga-ji-da
sich irren	실수하다	sil-su-ha-da
sich setzen	앉다	an-da
sich weigern	거절하다	geo-jeol-ha-da
spielen (vi, vt)	놀다	nol-da

sprechen (vi)	말하다	mal-ha-da
staunen (vi)	놀라다	nol-la-da
stehlen (vt)	훔치다	hum-chi-da
stoppen (vt)	정지하다	jeong-ji-ha-da
suchen (vt)	⋯ 를 찾다	… reul chat-da

16. Die wichtigsten Verben. Teil 4

täuschen (vt)	속이다	so-gi-da
teilnehmen (vi)	참가하다	cham-ga-ha-da
übersetzen (Buch usw.)	번역하다	beo-nyeok-a-da
unterschätzen (vt)	과소평가하다	gwa-so-pyeong-ga-ha-da
unterschreiben (vt)	서명하다	seo-myeong-ha-da
vereinigen (vt)	연합하다	yeon-ha-pa-da
vergessen (vt)	잊다	it-da

vergleichen (vt)	비교하다	bi-gyo-ha-da
verkaufen (vt)	팔다	pal-da
verlangen (vt)	요구하다	yo-gu-ha-da
versäumen (vt)	결석하다	gyeol-seok-a-da
versprechen (vt)	약속하다	yak-sok-a-da
verstecken (vt)	숨기다	sum-gi-da
verstehen (vt)	이해하다	i-hae-ha-da
versuchen (vt)	해보다	hae-bo-da
verteidigen (vt)	방어하다	bang-eo-ha-da
vertrauen (vi)	신뢰하다	sil-loe-ha-da
verwechseln (vt)	혼동하다	hon-dong-ha-da
verzeihen (vt)	용서하다	yong-seo-ha-da
voraussehen (vt)	예상하다	ye-sang-ha-da
vorschlagen (vt)	제안하다	je-an-ha-da
vorziehen (vt)	선호하다	seon-ho-ha-da
wählen (vt)	선택하다	seon-taek-a-da
warnen (vt)	경고하다	gyeong-go-ha-da
warten (vi)	기다리다	gi-da-ri-da
weinen (vi)	울다	ul-da
wissen (vt)	알다	al-da
Witz machen	농담하다	nong-dam-ha-da
wollen (vt)	원하다	won-ha-da
zahlen (vt)	지불하다	ji-bul-ha-da
zeigen (jemandem etwas)	보여주다	bo-yeo-ju-da
zu Abend essen	저녁을 먹다	jeo-nyeo-geul meok-da
zu Mittag essen	점심을 먹다	jeom-si-meul meok-da
zubereiten (vt)	요리하다	yo-ri-ha-da
zustimmen (vi)	동의하다	dong-ui-ha-da
zweifeln (vi)	의심하다	ui-sim-ha-da

ZEIT. KALENDER

17. Wochentage

Montag (m)	월요일	wo-ryo-il
Dienstag (m)	화요일	hwa-yo-il
Mittwoch (m)	수요일	su-yo-il
Donnerstag (m)	목요일	mo-gyo-il
Freitag (m)	금요일	geu-myo-il
Samstag (m)	토요일	to-yo-il
Sonntag (m)	일요일	i-ryo-il
heute	오늘	o-neul
morgen	내일	nae-il
übermorgen	모레	mo-re
gestern	어제	eo-je
vorgestern	그저께	geu-jeo-kke
Tag (m)	낮	nat
Arbeitstag (m)	근무일	geun-mu-il
Feiertag (m)	공휴일	gong-hyu-il
freier Tag (m)	휴일	hyu-il
Wochenende (n)	주말	ju-mal
den ganzen Tag	하루종일	ha-ru-jong-il
am nächsten Tag	다음날	da-eum-nal
zwei Tage vorher	이틀 전	i-teul jeon
am Vortag	전날	jeon-nal
täglich (Adj)	일간의	il-ga-nui
täglich (Adv)	매일	mae-il
Woche (f)	주	ju
letzte Woche	지난 주에	ji-nan ju-e
nächste Woche	다음 주에	da-eum ju-e
wöchentlich (Adj)	주간의	ju-ga-nui
wöchentlich (Adv)	매주	mae-ju
zweimal pro Woche	일주일에 두번	il-ju-i-re du-beon
jeden Dienstag	매주 화요일	mae-ju hwa-yo-il

18. Stunden. Tag und Nacht

Morgen (m)	아침	a-chim
morgens	아침에	a-chim-e
Mittag (m)	정오	jeong-o
nachmittags	오후에	o-hu-e
Abend (m)	저녁	jeo-nyeok
abends	저녁에	jeo-nyeo-ge

Nacht (f)	밤	bam
nachts	밤에	bam-e
Mitternacht (f)	자정	ja-jeong

Sekunde (f)	초	cho
Minute (f)	분	bun
Stunde (f)	시	si
eine halbe Stunde	반시간	ban-si-gan
Viertelstunde (f)	십오분	si-bo-bun
fünfzehn Minuten	십오분	si-bo-bun
Tag und Nacht	이십사시간	i-sip-sa-si-gan

Sonnenaufgang (m)	일출	il-chul
Morgendämmerung (f)	새벽	sae-byeok
früher Morgen (m)	이른 아침	i-reun a-chim
Sonnenuntergang (m)	저녁 노을	jeo-nyeok no-eul

früh am Morgen	이른 아침에	i-reun a-chim-e
heute Morgen	오늘 아침에	o-neul ra-chim-e
morgen früh	내일 아침에	nae-il ra-chim-e

heute Mittag	오늘 오후에	o-neul ro-hu-e
nachmittags	오후에	o-hu-e
morgen Nachmittag	내일 오후에	nae-il ro-hu-e

| heute Abend | 오늘 저녁에 | o-neul jeo-nyeo-ge |
| morgen Abend | 내일 밤에 | nae-il bam-e |

Punkt drei Uhr	3시 정각에	se-si jeong-ga-ge
gegen vier Uhr	4시쯤에	ne-si-jjeu-me
um zwölf Uhr	12시까지	yeoldu si-kka-ji

in zwanzig Minuten	20분 안에	isib-bun na-ne
in einer Stunde	한 시간 안에	han si-gan na-ne
rechtzeitig (Adv)	제시간에	je-si-gan-e

Viertel vor ...	⋯ 십오 분	... si-bo bun
innerhalb einer Stunde	한 시간 내에	han si-gan nae-e
alle fünfzehn Minuten	15분 마다	sibo-bun ma-da
Tag und Nacht	하루종일	ha-ru-jong-il

19. Monate. Jahreszeiten

Januar (m)	일월	i-rwol
Februar (m)	이월	i-wol
März (m)	삼월	sam-wol
April (m)	사월	sa-wol
Mai (m)	오월	o-wol
Juni (m)	유월	yu-wol

Juli (m)	칠월	chi-rwol
August (m)	팔월	pa-rwol
September (m)	구월	gu-wol
Oktober (m)	시월	si-wol

November (m)	십일월	si-bi-rwol
Dezember (m)	십이월	si-bi-wol
Frühling (m)	봄	bom
im Frühling	봄에	bom-e
Frühlings-	봄의	bom-ui
Sommer (m)	여름	yeo-reum
im Sommer	여름에	yeo-reum-e
Sommer-	여름의	yeo-reu-mui
Herbst (m)	가을	ga-eul
im Herbst	가을에	ga-eu-re
Herbst-	가을의	ga-eu-rui
Winter (m)	겨울	gyeo-ul
im Winter	겨울에	gyeo-u-re
Winter-	겨울의	gyeo-ul
Monat (m)	월, 달	wol, dal
in diesem Monat	이번 달에	i-beon da-re
nächsten Monat	다음 달에	da-eum da-re
letzten Monat	지난 달에	ji-nan da-re
vor einem Monat	한달 전에	han-dal jeon-e
über eine Monat	한 달 안에	han dal ra-ne
in zwei Monaten	두 달 안에	du dal ra-ne
den ganzen Monat	한달간 내내	han-dal-gan nae-nae
monatlich (Adj)	월간의	wol-ga-nui
monatlich (Adv)	매월, 매달	mae-wol, mae-dal
jeden Monat	매달	mae-dal
zweimal pro Monat	한 달에 두 번	han da-re du beon
Jahr (n)	년	nyeon
dieses Jahr	올해	ol-hae
nächstes Jahr	내년	nae-nyeon
voriges Jahr	작년	jang-nyeon
vor einem Jahr	일년 전	il-lyeon jeon
in einem Jahr	일 년 안에	il lyeon na-ne
in zwei Jahren	이 년 안에	i nyeon na-ne
das ganze Jahr	일년 내내	il-lyeon nae-nae
jedes Jahr	매년	mae-nyeon
jährlich (Adj)	연간의	yeon-ga-nui
jährlich (Adv)	매년	mae-nyeon
viermal pro Jahr	일년에 네 번	il-lyeon-e ne beon
Datum (heutige ~)	날짜	nal-jja
Datum (Geburts-)	월일	wo-ril
Kalender (m)	달력	dal-lyeok
ein halbes Jahr	반년	ban-nyeon
Halbjahr (n)	육개월	yuk-gae-wol
Saison (f)	계절	gye-jeol
Jahrhundert (n)	세기	se-gi

REISEN. HOTEL

20. Ausflug. Reisen

Tourismus (m)	관광	gwan-gwang
Tourist (m)	관광객	gwan-gwang-gaek
Reise (f)	여행	yeo-haeng
Abenteuer (n)	모험	mo-heom
Fahrt (f)	여행	yeo-haeng
Urlaub (m)	휴가	hyu-ga
auf Urlaub sein	휴가 중이다	hyu-ga jung-i-da
Erholung (f)	휴양	hyu-yang
Zug (m)	기차	gi-cha
mit dem Zug	기차로	gi-cha-ro
Flugzeug (n)	비행기	bi-haeng-gi
mit dem Flugzeug	비행기로	bi-haeng-gi-ro
mit dem Auto	자동차로	ja-dong-cha-ro
mit dem Schiff	배로	bae-ro
Gepäck (n)	짐, 수하물	jim, su-ha-mul
Koffer (m)	여행 가방	yeo-haeng ga-bang
Gepäckwagen (m)	수하물 카트	su-ha-mul ka-teu
Pass (m)	여권	yeo-gwon
Visum (n)	비자	bi-ja
Fahrkarte (f)	표	pyo
Flugticket (n)	비행기표	bi-haeng-gi-pyo
Reiseführer (m)	여행 안내서	yeo-haeng an-nae-seo
Landkarte (f)	지도	ji-do
Gegend (f)	지역	ji-yeok
Ort (wunderbarer ~)	곳	got
Exotika (pl)	이국	i-guk
exotisch	이국적인	i-guk-jeo-gin
erstaunlich (Adj)	놀라운	nol-la-un
Gruppe (f)	무리	mu-ri
Ausflug (m)	견학, 관광	gyeon-hak, gwan-gwang
Reiseleiter (m)	가이드	ga-i-deu

21. Hotel

Hotel (n), Gasthaus (n)	호텔	ho-tel
Motel (n)	모텔	mo-tel
drei Sterne	3성급	sam-seong-geub

fünf Sterne	5성급	o-seong-geub
absteigen (vi)	머무르다	meo-mu-reu-da

Hotelzimmer (n)	객실	gaek-sil
Einzelzimmer (n)	일인실	i-rin-sil
Zweibettzimmer (n)	더블룸	deo-beul-lum
reservieren (vt)	방을 예약하다	bang-eul rye-yak-a-da

Halbpension (f)	하숙	ha-suk
Vollpension (f)	식사 제공	sik-sa je-gong

mit Bad	욕조가 있는	yok-jo-ga in-neun
mit Dusche	샤워가 있는	sya-wo-ga in-neun
Satellitenfernsehen (n)	위성 텔레비전	wi-seong tel-le-bi-jeon
Klimaanlage (f)	에어컨	e-eo-keon
Handtuch (n)	수건	su-geon
Schlüssel (m)	열쇠	yeol-soe

Verwalter (m)	관리자	gwal-li-ja
Zimmermädchen (n)	객실 청소부	gaek-sil cheong-so-bu
Träger (m)	포터	po-teo
Portier (m)	도어맨	do-eo-maen

Restaurant (n)	레스토랑	re-seu-to-rang
Bar (f)	바	ba
Frühstück (n)	아침식사	a-chim-sik-sa
Abendessen (n)	저녁식사	jeo-nyeok-sik-sa
Buffet (n)	뷔페	bwi-pe

Foyer (n)	로비	ro-bi
Aufzug (m), Fahrstuhl (m)	엘리베이터	el-li-be-i-teo

BITTE NICHT STÖREN!	방해하지 마세요	bang-hae-ha-ji ma-se-yo
RAUCHEN VERBOTEN!	금연	geu-myeon

22. Sehenswürdigkeiten

Denkmal (n)	기념비	gi-nyeom-bi
Festung (f)	요새	yo-sae
Palast (m)	궁전	gung-jeon
Schloss (n)	성	seong
Turm (m)	탑	tap
Mausoleum (n)	영묘	yeong-myo

Architektur (f)	건축	geon-chuk
mittelalterlich	중세의	jung-se-ui
alt (antik)	고대의	go-dae-ui
national	국가의	guk-ga-ui
berühmt	유명한	yu-myeong-han

Tourist (m)	관광객	gwan-gwang-gaek
Fremdenführer (m)	가이드	ga-i-deu
Ausflug (m)	견학, 관광	gyeon-hak, gwan-gwang
zeigen (vt)	보여주다	bo-yeo-ju-da

erzählen (vt)	이야기하다	i-ya-gi-ha-da
finden (vt)	찾다	chat-da
sich verlieren	길을 잃다	gi-reul ril-ta
Karte (U-Bahn ~)	노선도	no-seon-do
Karte (Stadt-)	지도	ji-do
Souvenir (n)	기념품	gi-nyeom-pum
Souvenirladen (m)	기념품 가게	gi-nyeom-pum ga-ge
fotografieren (vt)	사진을 찍다	sa-ji-neul jjik-da
sich fotografieren	사진을 찍다	sa-ji-neul jjik-da

TRANSPORT

23. Flughafen

Flughafen (m)	공항	gong-hang
Flugzeug (n)	비행기	bi-haeng-gi
Fluggesellschaft (f)	항공사	hang-gong-sa
Fluglotse (m)	관제사	gwan-je-sa
Abflug (m)	출발	chul-bal
Ankunft (f)	도착	do-chak
anfliegen (vi)	도착하다	do-chak-a-da
Abflugzeit (f)	출발시간	chul-bal-si-gan
Ankunftszeit (f)	도착시간	do-chak-si-gan
sich verspäten	연기되다	yeon-gi-doe-da
Abflugverspätung (f)	항공기 지연	hang-gong-gi ji-yeon
Anzeigetafel (f)	안내 전광판	an-nae jeon-gwang-pan
Information (f)	정보	jeong-bo
ankündigen (vt)	알리다	al-li-da
Flug (m)	비행편	bi-haeng-pyeon
Zollamt (n)	세관	se-gwan
Zollbeamter (m)	세관원	se-gwan-won
Zolldeklaration (f)	세관신고서	se-gwan-sin-go-seo
die Zollerklärung ausfüllen	세관 신고서를 작성하다	se-gwan sin-go-seo-reul jak-seong-ha-da
Passkontrolle (f)	여권 검사	yeo-gwon geom-sa
Gepäck (n)	짐, 수하물	jim, su-ha-mul
Handgepäck (n)	휴대 가능 수하물	hyu-dae ga-neung su-ha-mul
Kofferkuli (m)	수하물 카트	su-ha-mul ka-teu
Landung (f)	착륙	chang-nyuk
Landebahn (f)	활주로	hwal-ju-ro
landen (vi)	착륙하다	chang-nyuk-a-da
Fluggasttreppe (f)	승강계단	seung-gang-gye-dan
Check-in (n)	체크인	che-keu-in
Check-in-Schalter (m)	체크인 카운터	che-keu-in ka-un-teo
sich registrieren lassen	체크인하다	che-keu-in-ha-da
Bordkarte (f)	탑승권	tap-seung-gwon
Abfluggate (n)	탑승구	tap-seung-gu
Transit (m)	트랜싯, 환승	teu-raen-sit, hwan-seung
warten (vi)	기다리다	gi-da-ri-da
Wartesaal (m)	공항 라운지	gong-hang na-un-ji

begleiten (vt)	배웅하다	bae-ung-ha-da
sich verabschieden	작별인사를 하다	jak-byeo-rin-sa-reul ha-da

24. Flugzeug

Flugzeug (n)	비행기	bi-haeng-gi
Flugticket (n)	비행기표	bi-haeng-gi-pyo
Fluggesellschaft (f)	항공사	hang-gong-sa
Flughafen (m)	공항	gong-hang
Überschall-	초음속의	cho-eum-so-gui

Pilot (m)	비행사	bi-haeng-sa
Flugbegleiterin (f)	승무원	seung-mu-won
Steuermann (m)	항법사	hang-beop-sa

Flügel (pl)	날개	nal-gae
Schwanz (m)	꼬리	kko-ri
Kabine (f)	조종석	jo-jong-seok
Motor (m)	엔진	en-jin
Fahrgestell (n)	착륙 장치	chang-nyuk jang-chi
Turbine (f)	터빈	teo-bin

Propeller (m)	추진기	chu-jin-gi
Flugschreiber (m)	블랙박스	beul-laek-bak-seu
Steuerrad (n)	조종간	jo-jong-gan
Treibstoff (m)	연료	yeol-lyo

Sicherheitskarte (f)	안전 안내서	an-jeon an-nae-seo
Sauerstoffmaske (f)	산소 마스크	san-so ma-seu-keu
Uniform (f)	제복	je-bok
Rettungsweste (f)	구명조끼	gu-myeong-jo-kki
Fallschirm (m)	낙하산	nak-a-san

Abflug, Start (m)	이륙	i-ryuk
starten (vi)	이륙하다	i-ryuk-a-da
Startbahn (f)	활주로	hwal-ju-ro

Sicht (f)	시계	si-gye
Flug (m)	비행	bi-haeng
Höhe (f)	고도	go-do
Luftloch (n)	에어 포켓	e-eo po-ket

Platz (m)	자리	ja-ri
Kopfhörer (m)	헤드폰	he-deu-pon
Klapptisch (m)	접는 테이블	jeom-neun te-i-beul
Bullauge (n)	창문	chang-mun
Durchgang (m)	통로	tong-no

25. Zug

Zug (m)	기차, 열차	gi-cha, nyeol-cha
elektrischer Zug (m)	통근 열차	tong-geun nyeol-cha

Schnellzug (m)	급행 열차	geu-paeng yeol-cha
Diesellok (f)	디젤 기관차	di-jel gi-gwan-cha
Dampflok (f)	증기 기관차	jeung-gi gi-gwan-cha

Personenwagen (m)	객차	gaek-cha
Speisewagen (m)	식당차	sik-dang-cha

Schienen (pl)	레일	re-il
Eisenbahn (f)	철도	cheol-do
Bahnschwelle (f)	침목	chim-mok

Bahnsteig (m)	플랫폼	peul-laet-pom
Gleis (n)	길	gil
Eisenbahnsignal (n)	신호기	sin-ho-gi
Station (f)	역	yeok

Lokomotivführer (m)	기관사	gi-gwan-sa
Träger (m)	포터	po-teo
Schaffner (m)	차장	cha-jang
Fahrgast (m)	승객	seung-gaek
Fahrkartenkontrolleur (m)	검표원	geom-pyo-won

Flur (m)	통로	tong-no
Notbremse (f)	비상 브레이크	bi-sang beu-re-i-keu

Abteil (n)	침대차	chim-dae-cha
Liegeplatz (m), Schlafkoje (f)	침대	chim-dae
oberer Liegeplatz (m)	윗침대	wit-chim-dae
unterer Liegeplatz (m)	아래 침대	a-rae chim-dae
Bettwäsche (f)	침구	chim-gu

Fahrkarte (f)	표	pyo
Fahrplan (m)	시간표	si-gan-pyo
Anzeigetafel (f)	안내 전광판	an-nae jeon-gwang-pan

abfahren (der Zug)	떠난다	tteo-na-da
Abfahrt (f)	출발	chul-bal
ankommen (der Zug)	도착하다	do-chak-a-da
Ankunft (f)	도착	do-chak

mit dem Zug kommen	기차로 도착하다	gi-cha-ro do-chak-a-da
in den Zug einsteigen	기차에 타다	gi-cha-e ta-da
aus dem Zug aussteigen	기차에서 내리다	gi-cha-e-seo nae-ri-da

Zugunglück (n)	기차 사고	gi-cha sa-go
Dampflok (f)	증기 기관차	jeung-gi gi-gwan-cha
Heizer (m)	화부	hwa-bu
Feuerbüchse (f)	화실	hwa-sil
Kohle (f)	석탄	seok-tan

26. Schiff

Schiff (n)	배	bae
Fahrzeug (n)	배	bae

Dampfer (m)	증기선	jeung-gi-seon
Motorschiff (n)	강배	gang-bae
Kreuzfahrtschiff (n)	크루즈선	keu-ru-jeu-seon
Kreuzer (m)	순양함	su-nyang-ham

| Jacht (f) | 요트 | yo-teu |
| Schlepper (m) | 예인선 | ye-in-seon |

| Segelschiff (n) | 범선 | beom-seon |
| Brigantine (f) | 쌍돛대 범선 | ssang-dot-dae beom-seon |

| Eisbrecher (m) | 쇄빙선 | swae-bing-seon |
| U-Boot (n) | 잠수함 | jam-su-ham |

Boot (n)	보트	bo-teu
Dingi (n), Beiboot (n)	종선	jong-seon
Rettungsboot (n)	구조선	gu-jo-seon
Motorboot (n)	모터보트	mo-teo-bo-teu

Kapitän (m)	선장	seon-jang
Matrose (m)	수부	su-bu
Seemann (m)	선원	seon-won
Besatzung (f)	승무원	seung-mu-won

Bootsmann (m)	갑판장	gap-pan-jang
Schiffskoch (m)	요리사	yo-ri-sa
Schiffsarzt (m)	선의	seon-ui

Deck (n)	갑판	gap-pan
Mast (m)	돛대	dot-dae
Segel (n)	돛	dot

Schiffsraum (m)	화물칸	hwa-mul-kan
Bug (m)	이물	i-mul
Heck (n)	고물	go-mul
Ruder (n)	노	no
Schraube (f)	스크루	seu-keu-ru

Kajüte (f)	선실	seon-sil
Messe (f)	사관실	sa-gwan-sil
Maschinenraum (m)	엔진실	en-jin-sil
Funkraum (m)	무전실	mu-jeon-sil
Radiowelle (f)	전파	jeon-pa

Fernrohr (n)	망원경	mang-won-gyeong
Glocke (f)	종	jong
Fahne (f)	기	gi

| Seil (n) | 밧줄 | bat-jul |
| Knoten (m) | 매듭 | mae-deup |

| Geländer (n) | 난간 | nan-gan |
| Treppe (f) | 사다리 | sa-da-ri |

| Anker (m) | 닻 | dat |
| den Anker lichten | 닻을 올리다 | da-cheul rol-li-da |

| Anker werfen | 닻을 내리다 | da-cheul lae-ri-da |
| Ankerkette (f) | 닻줄 | dat-jul |

Hafen (m)	항구	hang-gu
Anlegestelle (f)	부두	bu-du
anlegen (vi)	정박시키다	jeong-bak-si-ki-da
abstoßen (vt)	출항하다	chul-hang-ha-da

Reise (f)	여행	yeo-haeng
Kreuzfahrt (f)	크루즈	keu-ru-jeu
Kurs (m), Richtung (f)	항로	hang-no
Reiseroute (f)	노선	no-seon

Fahrwasser (n)	항로	hang-no
Untiefe (f)	얕은 곳	ya-teun got
stranden (vi)	좌초하다	jwa-cho-ha-da

Sturm (m)	폭풍우	pok-pung-u
Signal (n)	신호	sin-ho
untergehen (vi)	가라앉다	ga-ra-an-da
SOS	조난 신호	jo-nan sin-ho
Rettungsring (m)	구명부환	gu-myeong-bu-hwan

STADT

27. Innerstädtischer Transport

Bus (m)	버스	beo-seu
Straßenbahn (f)	전차	jeon-cha
Obus (m)	트롤리 버스	teu-rol-li beo-seu
Linie (f)	노선	no-seon
Nummer (f)	번호	beon-ho
mit ... fahren	··· 타고 가다	... ta-go ga-da
einsteigen (vi)	타다	ta-da
aussteigen (aus dem Bus)	··· 에서 내리다	... e-seo nae-ri-da
Haltestelle (f)	정류장	jeong-nyu-jang
nächste Haltestelle (f)	다음 정류장	da-eum jeong-nyu-jang
Endhaltestelle (f)	종점	jong-jeom
Fahrplan (m)	시간표	si-gan-pyo
warten (vi, vt)	기다리다	gi-da-ri-da
Fahrkarte (f)	표	pyo
Fahrpreis (m)	요금	yo-geum
Kassierer (m)	계산원	gye-san-won
Fahrkartenkontrolle (f)	검표	geom-pyo
Fahrkartenkontrolleur (m)	검표원	geom-pyo-won
sich verspäten	··· 시간에 늦다	... si-gan-e neut-da
versäumen (Zug usw.)	놓치다	no-chi-da
sich beeilen	서두르다	seo-du-reu-da
Taxi (n)	택시	taek-si
Taxifahrer (m)	택시 운전 기사	taek-si un-jeon gi-sa
mit dem Taxi	택시로	taek-si-ro
Taxistand (m)	택시 정류장	taek-si jeong-nyu-jang
ein Taxi rufen	택시를 부르다	taek-si-reul bu-reu-da
ein Taxi nehmen	택시를 타다	taek-si-reul ta-da
Straßenverkehr (m)	교통	gyo-tong
Stau (m)	교통 체증	gyo-tong che-jeung
Hauptverkehrszeit (f)	러시 아워	reo-si a-wo
parken (vi)	주차하다	ju-cha-ha-da
parken (vt)	주차하다	ju-cha-ha-da
Parkplatz (m)	주차장	ju-cha-jang
U-Bahn (f)	지하철	ji-ha-cheol
Station (f)	역	yeok
mit der U-Bahn fahren	지하철을 타다	ji-ha-cheo-reul ta-da
Zug (m)	기차	gi-cha
Bahnhof (m)	기차역	gi-cha-yeok

28. Stadt. Leben in der Stadt

Stadt (f)   도시   do-si
Hauptstadt (f)   수도   su-do
Dorf (n)   마을   ma-eul

Stadtplan (m)   도시 지도   do-si ji-do
Stadtzentrum (n)   시내   si-nae
Vorort (m)   근교   geun-gyo
Vorort-   근교의   geun-gyo-ui

Umgebung (f)   주변   ju-byeon
Stadtviertel (n)   한 구획   han gu-hoek
Wohnblock (m)   동   dong

Straßenverkehr (m)   교통   gyo-tong
Ampel (f)   신호등   sin-ho-deung
Stadtverkehr (m)   대중교통   dae-jung-gyo-tong
Straßenkreuzung (f)   교차로   gyo-cha-ro

Übergang (m)   횡단 보도   hoeng-dan bo-do
Fußgängerunterführung (f)   지하 보도   ji-ha bo-do
überqueren (vt)   건너가다   geon-neo-ga-da
Fußgänger (m)   보행자   bo-haeng-ja
Gehweg (m)   인도   in-do

Brücke (f)   다리   da-ri
Kai (m)   강변로   gang-byeon-no

Allee (f)   길   gil
Park (m)   공원   gong-won
Boulevard (m)   대로   dae-ro
Platz (m)   광장   gwang-jang
Avenue (f)   가로   ga-ro
Straße (f)   거리   geo-ri
Gasse (f)   골목   gol-mok
Sackgasse (f)   막다른길   mak-da-reun-gil

Haus (n)   집   jip
Gebäude (n)   빌딩   bil-ding
Wolkenkratzer (m)   고층 건물   go-cheung geon-mul

Fassade (f)   전면   jeon-myeon
Dach (n)   지붕   ji-bung
Fenster (n)   창문   chang-mun
Bogen (m)   아치   a-chi
Säule (f)   기둥   gi-dung
Ecke (f)   모퉁이   mo-tung-i

Schaufenster (n)   쇼윈도우   syo-win-do-u
Firmenschild (n)   간판   gan-pan
Anschlag (m)   포스터   po-seu-teo
Werbeposter (m)   광고 포스터   gwang-go po-seu-teo
Werbeschild (n)   광고판   gwang-go-pan
Müll (m)   쓰레기   sseu-re-gi

Mülleimer (m)	쓰레기통	sseu-re-gi-tong
Mülldeponie (f)	쓰레기장	sseu-re-gi-jang

Telefonzelle (f)	공중 전화	gong-jung jeon-hwa
Straßenlaterne (f)	가로등	ga-ro-deung
Bank (Park-)	벤치	ben-chi

Polizist (m)	경찰관	gyeong-chal-gwan
Polizei (f)	경찰	gyeong-chal
Bettler (m)	거지	geo-ji
Obdachlose (m)	노숙자	no-suk-ja

29. Innerstädtische Einrichtungen

Laden (m)	가게, 상점	ga-ge, sang-jeom
Apotheke (f)	약국	yak-guk
Optik (f)	안경 가게	an-gyeong ga-ge
Einkaufszentrum (n)	쇼핑몰	syo-ping-mol
Supermarkt (m)	슈퍼마켓	syu-peo-ma-ket

Bäckerei (f)	빵집	ppang-jip
Bäcker (m)	제빵사	je-ppang-sa
Konditorei (f)	제과점	je-gwa-jeom
Lebensmittelladen (m)	식료품점	sing-nyo-pum-jeom
Metzgerei (f)	정육점	jeong-yuk-jeom

Gemüseladen (m)	야채 가게	ya-chae ga-ge
Markt (m)	시장	si-jang

Kaffeehaus (n)	커피숍	keo-pi-syop
Restaurant (n)	레스토랑	re-seu-to-rang
Bierstube (f)	바	ba
Pizzeria (f)	피자 가게	pi-ja ga-ge

Friseursalon (m)	미장원	mi-jang-won
Post (f)	우체국	u-che-guk
chemische Reinigung (f)	드라이 클리닝	deu-ra-i keul-li-ning
Fotostudio (n)	사진관	sa-jin-gwan

Schuhgeschäft (n)	신발 가게	sin-bal ga-ge
Buchhandlung (f)	서점	seo-jeom
Sportgeschäft (n)	스포츠용품 매장	seu-po-cheu-yong-pum mae-jang

Kleiderreparatur (f)	옷 수선 가게	ot su-seon ga-ge
Bekleidungsverleih (m)	의류 임대	ui-ryu im-dae
Videothek (f)	비디오 대여	bi-di-o dae-yeo

Zirkus (m)	서커스	seo-keo-seu
Zoo (m)	동물원	dong-mu-rwon
Kino (n)	영화관	yeong-hwa-gwan
Museum (n)	박물관	bang-mul-gwan
Bibliothek (f)	도서관	do-seo-gwan
Theater (n)	극장	geuk-jang

Opernhaus (n)	오페라극장	o-pe-ra-geuk-jang
Nachtklub (m)	나이트 클럽	na-i-teu keul-leop
Kasino (n)	카지노	ka-ji-no

Moschee (f)	모스크	mo-seu-keu
Synagoge (f)	유대교 회당	yu-dae-gyo hoe-dang
Kathedrale (f)	대성당	dae-seong-dang
Tempel (m)	사원, 신전	sa-won, sin-jeon
Kirche (f)	교회	gyo-hoe

Institut (n)	단과대학	dan-gwa-dae-hak
Universität (f)	대학교	dae-hak-gyo
Schule (f)	학교	hak-gyo

Präfektur (f)	도, 현	do, hyeon
Rathaus (n)	시청	si-cheong
Hotel (n)	호텔	ho-tel
Bank (f)	은행	eun-haeng

Botschaft (f)	대사관	dae-sa-gwan
Reisebüro (n)	여행사	yeo-haeng-sa
Informationsbüro (n)	안내소	an-nae-so
Wechselstube (f)	환전소	hwan-jeon-so

U-Bahn (f)	지하철	ji-ha-cheol
Krankenhaus (n)	병원	byeong-won

Tankstelle (f)	주유소	ju-yu-so
Parkplatz (m)	주차장	ju-cha-jang

30. Schilder

Firmenschild (n)	간판	gan-pan
Aufschrift (f)	안내문	an-nae-mun
Plakat (n)	포스터	po-seu-teo
Wegweiser (m)	방향표시	bang-hyang-pyo-si
Pfeil (m)	화살표	hwa-sal-pyo

Vorsicht (f)	경고	gyeong-go
Warnung (f)	경고판	gyeong-go-pan
warnen (vt)	경고하다	gyeong-go-ha-da

freier Tag (m)	휴일	hyu-il
Fahrplan (m)	시간표	si-gan-pyo
Öffnungszeiten (pl)	영업 시간	yeong-eop si-gan

HERZLICH WILLKOMMEN!	어서 오세요!	eo-seo o-se-yo!
EINGANG	입구	ip-gu
AUSGANG	출구	chul-gu

DRÜCKEN	미세요	mi-se-yo
ZIEHEN	당기세요	dang-gi-se-yo
GEÖFFNET	열림	yeol-lim
GESCHLOSSEN	닫힘	da-chim

| DAMEN, FRAUEN | 여성전용 | yeo-seong-jeo-nyong |
| HERREN, MÄNNER | 남성 | nam-seong-jeo-nyong |

AUSVERKAUF	할인	ha-rin
REDUZIERT	세일	se-il
NEU!	신상품	sin-sang-pum
GRATIS	공짜	gong-jja

ACHTUNG!	주의!	ju-ui!
ZIMMER BELEGT	빈 방 없음	bin bang eop-seum
RESERVIERT	예약석	ye-yak-seok

| VERWALTUNG | 관리부 | gwal-li-bu |
| NUR FÜR PERSONAL | 직원 전용 | ji-gwon jeo-nyong |

VORSICHT BISSIGER HUND	개조심	gae-jo-sim
RAUCHEN VERBOTEN!	금연	geu-myeon
BITTE NICHT BERÜHREN	손 대지 마시오!	son dae-ji ma-si-o!

GEFÄHRLICH	위험	wi-heom
VORSICHT!	위험	wi-heom
HOCHSPANNUNG	고전압	go-jeon-ap
BADEN VERBOTEN	수영 금지	su-yeong geum-ji
AUßER BETRIEB	수리중	su-ri-jung

LEICHTENTZÜNDLICH	가연성 물자	ga-yeon-seong mul-ja
VERBOTEN	금지	geum-ji
DURCHGANG VERBOTEN	출입 금지	chu-rip geum-ji
FRISCH GESTRICHEN	칠 주의	chil ju-ui

31. Shopping

kaufen (vt)	사다	sa-da
Einkauf (m)	구매	gu-mae
einkaufen gehen	쇼핑하다	syo-ping-ha-da
Einkaufen (n)	쇼핑	syo-ping

| offen sein (Laden) | 열리다 | yeol-li-da |
| zu sein | 닫다 | dat-da |

Schuhe (pl)	신발	sin-bal
Kleidung (f)	옷	ot
Kosmetik (f)	화장품	hwa-jang-pum
Lebensmittel (pl)	식품	sik-pum
Geschenk (n)	선물	seon-mul

| Verkäufer (m) | 판매원 | pan-mae-won |
| Verkäuferin (f) | 여판매원 | yeo-pan-mae-won |

Kasse (f)	계산대	gye-san-dae
Spiegel (m)	거울	geo-ul
Ladentisch (m)	계산대	gye-san-dae
Umkleidekabine (f)	탈의실	ta-rui-sil

anprobieren (vt)	입어보다	i-beo-bo-da
passen (Schuhe, Kleid)	어울리다	eo-ul-li-da
gefallen (vi)	좋아하다	jo-a-ha-da

Preis (m)	가격	ga-gyeok
Preisschild (n)	가격표	ga-gyeok-pyo
kosten (vt)	값이 … 이다	gap-si … i-da
Wie viel?	얼마?	eol-ma?
Rabatt (m)	할인	ha-rin

preiswert	비싸지 않은	bi-ssa-ji a-neun
billig	싼	ssan
teuer	비싼	bi-ssan
Das ist teuer	비쌉니다	bi-ssam-ni-da

Verleih (m)	임대	im-dae
leihen, mieten (ein Auto usw.)	빌리다	bil-li-da
Kredit (m), Darlehen (n)	신용	si-nyong
auf Kredit	신용으로	si-nyong-eu-ro

KLEIDUNG & ACCESSOIRES

32. Oberbekleidung. Mäntel

Kleidung (f)	옷	ot
Oberkleidung (f)	겉옷	geo-tot
Winterkleidung (f)	겨울옷	gyeo-u-rot
Mantel (m)	코트	ko-teu
Pelzmantel (m)	모피 외투	mo-pi oe-tu
Pelzjacke (f)	짧은 모피 외투	jjal-beun mo-pi oe-tu
Daunenjacke (f)	패딩점퍼	pae-ding-jeom-peo
Jacke (z.B. Lederjacke)	재킷	jae-kit
Regenmantel (m)	트렌치코트	teu-ren-chi-ko-teu
wasserdicht	방수의	bang-su-ui

33. Herren- & Damenbekleidung

Hemd (n)	셔츠	syeo-cheu
Hose (f)	바지	ba-ji
Jeans (pl)	청바지	cheong-ba-ji
Jackett (n)	재킷	jae-kit
Anzug (m)	양복	yang-bok
Damenkleid (n)	드레스	deu-re-seu
Rock (m)	치마	chi-ma
Bluse (f)	블라우스	beul-la-u-seu
Strickjacke (f)	니트 재킷	ni-teu jae-kit
Jacke (Damen Kostüm)	재킷	jae-kit
T-Shirt (n)	티셔츠	ti-syeo-cheu
Shorts (pl)	반바지	ban-ba-ji
Sportanzug (m)	운동복	un-dong-bok
Bademantel (m)	목욕가운	mo-gyok-ga-un
Schlafanzug (m)	파자마	pa-ja-ma
Sweater (m)	스웨터	seu-we-teo
Pullover (m)	폴오버	pu-ro-beo
Weste (f)	조끼	jo-kki
Frack (m)	연미복	yeon-mi-bok
Smoking (m)	턱시도	teok-si-do
Uniform (f)	제복	je-bok
Arbeitskleidung (f)	작업복	ja-geop-bok
Overall (m)	작업바지	ja-geop-ba-ji
Kittel (z.B. Arztkittel)	가운	ga-un

34. Kleidung. Unterwäsche

Unterwäsche (f)	속옷	so-got
Unterhemd (n)	러닝 셔츠	reo-ning syeo-cheu
Socken (pl)	양말	yang-mal
Nachthemd (n)	잠옷	jam-ot
Büstenhalter (m)	브라	beu-ra
Kniestrümpfe (pl)	무릎길이 스타킹	mu-reup-gi-ri seu-ta-king
Strumpfhose (f)	팬티 스타킹	paen-ti seu-ta-king
Strümpfe (pl)	밴드 스타킹	baen-deu seu-ta-king
Badeanzug (m)	수영복	su-yeong-bok

35. Kopfbekleidung

Mütze (f)	모자	mo-ja
Filzhut (m)	중절모	jung-jeol-mo
Baseballkappe (f)	야구 모자	ya-gu mo-ja
Schiebermütze (f)	플랫캡	peul-laet-kaep
Baskenmütze (f)	베레모	be-re-mo
Kapuze (f)	후드	hu-deu
Panamahut (m)	파나마 모자	pa-na-ma mo-ja
Strickmütze (f)	니트 모자	ni-teu mo-ja
Kopftuch (n)	스카프	seu-ka-peu
Damenhut (m)	여성용 모자	yeo-seong-yong mo-ja
Schutzhelm (m)	안전모	an-jeon-mo
Feldmütze (f)	개리슨 캡	gae-ri-seun kaep
Helm (z.B. Motorradhelm)	헬멧	hel-met

36. Schuhwerk

Schuhe (pl)	신발	sin-bal
Stiefeletten (pl)	구두	gu-du
Halbschuhe (pl)	구두	gu-du
Stiefel (pl)	부츠	bu-cheu
Hausschuhe (pl)	슬리퍼	seul-li-peo
Tennisschuhe (pl)	운동화	un-dong-hwa
Leinenschuhe (pl)	스니커즈	seu-ni-keo-jeu
Sandalen (pl)	샌들	saen-deul
Schuster (m)	구둣방	gu-dut-bang
Absatz (m)	굽	gup
Paar (n)	켤레	kyeol-le
Schnürsenkel (m)	끈	kkeun
schnüren (vt)	끈을 매다	kkeu-neul mae-da
Schuhlöffel (m)	구둣주걱	gu-dut-ju-geok
Schuhcreme (f)	구두약	gu-du-yak

37. Persönliche Accessoires

Handschuhe (pl)	장갑	jang-gap
Fausthandschuhe (pl)	벙어리장갑	beong-eo-ri-jang-gap
Schal (Kaschmir-)	목도리	mok-do-ri

Brille (f)	안경	an-gyeong
Brillengestell (n)	안경테	an-gyeong-te
Regenschirm (m)	우산	u-san
Spazierstock (m)	지팡이	ji-pang-i
Haarbürste (f)	빗, 솔빗	bit, sol-bit
Fächer (m)	부채	bu-chae

Krawatte (f)	넥타이	nek-ta-i
Fliege (f)	나비넥타이	na-bi-nek-ta-i
Hosenträger (pl)	멜빵	mel-ppang
Taschentuch (n)	손수건	son-su-geon

Kamm (m)	빗	bit
Haarspange (f)	머리핀	meo-ri-pin
Haarnadel (f)	머리핀	meo-ri-pin
Schnalle (f)	버클	beo-keul

Gürtel (m)	벨트	bel-teu
Umhängegurt (m)	어깨끈	eo-kkae-kkeun

Tasche (f)	가방	ga-bang
Handtasche (f)	핸드백	haen-deu-baek
Rucksack (m)	배낭	bae-nang

38. Kleidung. Verschiedenes

Mode (f)	패션	pae-syeon
modisch	유행하는	yu-haeng-ha-neun
Modedesigner (m)	패션 디자이너	pae-syeon di-ja-i-neo

Kragen (m)	옷깃	ot-git
Tasche (f)	주머니, 포켓	ju-meo-ni, po-ket
Taschen-	주머니의	ju-meo-ni-ui
Ärmel (m)	소매	so-mae
Aufhänger (m)	거는 끈	geo-neun kkeun
Hosenschlitz (m)	바지 지퍼	ba-ji ji-peo

Reißverschluss (m)	지퍼	ji-peo
Verschluss (m)	조임쇠	jo-im-soe
Knopf (m)	단추	dan-chu
Knopfloch (n)	단춧 구멍	dan-chut gu-meong
abgehen (Knopf usw.)	떨어지다	tteo-reo-ji-da

nähen (vi, vt)	바느질하다	ba-neu-jil-ha-da
sticken (vt)	수놓다	su-no-ta
Stickerei (f)	자수	ja-su
Nadel (f)	바늘	ba-neul

| Faden (m) | 실 | sil |
| Naht (f) | 솔기 | sol-gi |

sich beschmutzen	더러워지다	deo-reo-wo-ji-da
Fleck (m)	얼룩	eol-luk
sich knittern	구겨지다	gu-gyeo-ji-da
zerreißen (vt)	찢다	jjit-da
Motte (f)	좀	jom

39. Kosmetikartikel. Kosmetik

Zahnpasta (f)	치약	chi-yak
Zahnbürste (f)	칫솔	chit-sol
Zähne putzen	이를 닦다	i-reul dak-da

Rasierer (m)	면도기	myeon-do-gi
Rasiercreme (f)	면도용 크림	myeon-do-yong keu-rim
sich rasieren	깎다	kkak-da

| Seife (f) | 비누 | bi-nu |
| Shampoo (n) | 샴푸 | syam-pu |

Schere (f)	가위	ga-wi
Nagelfeile (f)	손톱줄	son-top-jul
Nagelzange (f)	손톱깎이	son-top-kka-kki
Pinzette (f)	족집게	jok-jip-ge

Kosmetik (f)	화장품	hwa-jang-pum
Gesichtsmaske (f)	얼굴 마스크	eol-gul ma-seu-keu
Maniküre (f)	매니큐어	mae-ni-kyu-eo
Maniküre machen	매니큐어를 칠하다	mae-ni-kyu-eo-reul chil-ha-da
Pediküre (f)	페디큐어	pe-di-kyu-eo

Kosmetiktasche (f)	화장품 가방	hwa-jang-pum ga-bang
Puder (m)	분	bun
Puderdose (f)	콤팩트	kom-paek-teu
Rouge (n)	블러셔	beul-leo-syeo

Parfüm (n)	향수	hyang-su
Duftwasser (n)	화장수	hwa-jang-su
Lotion (f)	로션	ro-syeon
Kölnischwasser (n)	오드콜로뉴	o-deu-kol-lo-nyu

Lidschatten (m)	아이섀도	a-i-syae-do
Kajalstift (m)	아이라이너	a-i-ra-i-neo
Wimperntusche (f)	마스카라	ma-seu-ka-ra

Lippenstift (m)	립스틱	rip-seu-tik
Nagellack (m)	매니큐어	mae-ni-kyu-eo
Haarlack (m)	헤어 스프레이	he-eo seu-peu-re-i
Deodorant (n)	데오도란트	de-o-do-ran-teu

| Creme (f) | 크림 | keu-rim |
| Gesichtscreme (f) | 얼굴 크림 | eol-gul keu-rim |

Handcreme (f)	핸드 크림	haen-deu keu-rim
Anti-Falten-Creme (f)	주름제거 크림	ju-reum-je-geo keu-rim
Tages-	낮의	na-jui
Nacht-	밤의	ba-mui

Tampon (m)	탐폰	tam-pon
Toilettenpapier (n)	화장지	hwa-jang-ji
Föhn (m)	헤어 드라이어	he-eo deu-ra-i-eo

40. Armbanduhren Uhren

Armbanduhr (f)	손목 시계	son-mok si-gye
Zifferblatt (n)	문자반	mun-ja-ban
Zeiger (m)	바늘	ba-neul
Metallarmband (n)	금속제 시계줄	geum-sok-je si-gye-jul
Uhrenarmband (n)	시계줄	si-gye-jul

Batterie (f)	건전지	geon-jeon-ji
verbraucht sein	나가다	na-ga-da
die Batterie wechseln	배터리를 갈다	bae-teo-ri-reul gal-da
vorgehen (vi)	빨리 가다	ppal-li ga-da
nachgehen (vi)	늦게 가다	neut-ge ga-da

Wanduhr (f)	벽시계	byeok-si-gye
Sanduhr (f)	모래시계	mo-rae-si-gye
Sonnenuhr (f)	해시계	hae-si-gye
Wecker (m)	알람 시계	al-lam si-gye
Uhrmacher (m)	시계 기술자	si-gye gi-sul-ja
reparieren (vt)	수리하다	su-ri-ha-da

ALLTAGSERFAHRUNG

41. Geld

Deutsch	Koreanisch	Aussprache
Geld (n)	돈	don
Austausch (m)	환전	hwan-jeon
Kurs (m)	환율	hwa-nyul
Geldautomat (m)	현금 자동 지급기	hyeon-geum ja-dong ji-geup-gi
Münze (f)	동전	dong-jeon
Dollar (m)	달러	dal-leo
Euro (m)	유로	yu-ro
Lira (f)	리라	ri-ra
Mark (f)	마르크	ma-reu-keu
Franken (m)	프랑	peu-rang
Pfund Sterling (n)	파운드	pa-un-deu
Yen (m)	엔	en
Schulden (pl)	빚	bit
Schuldner (m)	채무자	chae-mu-ja
leihen (vt)	빌려주다	bil-lyeo-ju-da
leihen, borgen (Geld usw.)	빌리다	bil-li-da
Bank (f)	은행	eun-haeng
Konto (n)	계좌	gye-jwa
auf ein Konto einzahlen	계좌에 입금하다	ip-geum-ha-da
abheben (vt)	출금하다	chul-geum-ha-da
Kreditkarte (f)	신용 카드	si-nyong ka-deu
Bargeld (n)	현금	hyeon-geum
Scheck (m)	수표	su-pyo
einen Scheck schreiben	수표를 끊다	su-pyo-reul kkeun-ta
Scheckbuch (n)	수표책	su-pyo-chaek
Geldtasche (f)	지갑	ji-gap
Geldbeutel (m)	동전지갑	dong-jeon-ji-gap
Safe (m)	금고	geum-go
Erbe (m)	상속인	sang-so-gin
Erbschaft (f)	유산	yu-san
Vermögen (n)	재산, 큰돈	jae-san, keun-don
Pacht (f)	임대	im-dae
Miete (f)	집세	jip-se
mieten (vt)	임대하다	im-dae-ha-da
Preis (m)	가격	ga-gyeok
Kosten (pl)	비용	bi-yong

Summe (f)	액수	aek-su
ausgeben (vt)	쓰다	sseu-da
Ausgaben (pl)	출비를	chul-bi-reul
sparen (vt)	절약하다	jeo-ryak-a-da
sparsam	경제적인	gyeong-je-jeo-gin
zahlen (vt)	지불하다	ji-bul-ha-da
Lohn (m)	지불	ji-bul
Wechselgeld (n)	거스름돈	geo-seu-reum-don
Steuer (f)	세금	se-geum
Geldstrafe (f)	벌금	beol-geum
bestrafen (vt)	벌금을 부과하다	beol-geu-meul bu-gwa-ha-da

42. Post. Postdienst

Post (Postamt)	우체국	u-che-guk
Post (Postsendungen)	우편물	u-pyeon-mul
Briefträger (m)	우체부	u-che-bu
Öffnungszeiten (pl)	영업 시간	yeong-eop si-gan
Brief (m)	편지	pyeon-ji
Einschreibebrief (m)	등기 우편	deung-gi u-pyeon
Postkarte (f)	엽서	yeop-seo
Telegramm (n)	전보	jeon-bo
Postpaket (n)	소포	so-po
Geldanweisung (f)	송금	song-geum
bekommen (vt)	받다	bat-da
abschicken (vt)	보내다	bo-nae-da
Absendung (f)	발송	bal-song
Postanschrift (f)	주소	ju-so
Postleitzahl (f)	우편 번호	u-pyeon beon-ho
Absender (m)	발송인	bal-song-in
Empfänger (m)	수신인	su-sin-in
Vorname (m)	이름	i-reum
Nachname (m)	성	seong
Tarif (m)	요금	yo-geum
Standard- (Tarif)	일반의	il-ba-nui
Spar- (-tarif)	경제적인	gyeong-je-jeo-gin
Gewicht (n)	무게	mu-ge
abwiegen (vt)	무게를 달다	mu-ge-reul dal-da
Briefumschlag (m)	봉투	bong-tu
Briefmarke (f)	우표	u-pyo

43. Bankgeschäft

Bank (f)	은행	eun-haeng
Filiale (f)	지점	ji-jeom

Berater (m)	행원	haeng-won
Leiter (m)	지배인	ji-bae-in
Konto (n)	은행계좌	eun-haeng-gye-jwa
Kontonummer (f)	계좌 번호	gye-jwa beon-ho
Kontokorrent (n)	당좌	dang-jwa
Sparkonto (n)	보통 예금	bo-tong ye-geum
ein Konto eröffnen	계좌를 열다	gye-jwa-reul ryeol-da
das Konto schließen	계좌를 해지하다	gye-jwa-reul hae-ji-ha-da
einzahlen (vt)	계좌에 입금하다	ip-geum-ha-da
abheben (vt)	출금하다	chul-geum-ha-da
Einzahlung (f)	저금	jeo-geum
eine Einzahlung machen	입금하다	ip-geum-ha-da
Überweisung (f)	송금	song-geum
überweisen (vt)	송금하다	song-geum-ha-da
Summe (f)	액수	aek-su
Wieviel?	얼마?	eol-ma?
Unterschrift (f)	서명	seo-myeong
unterschreiben (vt)	서명하다	seo-myeong-ha-da
Kreditkarte (f)	신용 카드	si-nyong ka-deu
Code (m)	비밀번호	bi-mil-beon-ho
Kreditkartennummer (f)	신용 카드 번호	si-nyong ka-deu beon-ho
Geldautomat (m)	현금 자동 지급기	hyeon-geum ja-dong ji-geup-gi
Scheck (m)	수표	su-pyo
einen Scheck schreiben	수표를 끊다	su-pyo-reul kkeun-ta
Scheckbuch (n)	수표책	su-pyo-chaek
Darlehen (m)	대출	dae-chul
ein Darlehen beantragen	대출 신청하다	dae-chul sin-cheong-ha-da
ein Darlehen aufnehmen	대출을 받다	dae-chu-reul bat-da
ein Darlehen geben	대출하다	dae-chul-ha-da
Sicherheit (f)	담보	dam-bo

44. Telefon. Telefongespräche

Telefon (n)	전화	jeon-hwa
Mobiltelefon (n)	휴대폰	hyu-dae-pon
Anrufbeantworter (m)	자동 응답기	ja-dong eung-dap-gi
anrufen (vt)	전화하다	jeon-hwa-ha-da
Anruf (m)	통화	tong-hwa
eine Nummer wählen	번호로 걸다	beon-ho-ro geol-da
Hallo!	여보세요!	yeo-bo-se-yo!
fragen (vt)	묻다	mut-da
antworten (vi)	전화를 받다	jeon-hwa-reul bat-da
hören (vt)	듣다	deut-da

gut (~ aussehen)	잘	jal
schlecht (Adv)	좋지 않은	jo-chi a-neun
Störungen (pl)	잡음	ja-beum

Hörer (m)	수화기	su-hwa-gi
den Hörer abnehmen	전화를 받다	jeon-hwa-reul bat-da
auflegen (den Hörer ~)	전화를 끊다	jeon-hwa-reul kkeun-ta

besetzt	통화 중인	tong-hwa jung-in
läuten (vi)	울리다	ul-li-da
Telefonbuch (n)	전화 번호부	jeon-hwa beon-ho-bu

Orts-	시내의	si-nae-ui
Auslands-	국제적인	guk-je-jeo-gin
Fern-	장거리의	jang-geo-ri-ui

45. Mobiltelefon

Mobiltelefon (n)	휴대폰	hyu-dae-pon
Display (n)	화면	hwa-myeon
Knopf (m)	버튼	beo-teun
SIM-Karte (f)	SIM 카드	SIM ka-deu

Batterie (f)	건전지	geon-jeon-ji
leer sein (Batterie)	나가다	na-ga-da
Ladegerät (n)	충전기	chung-jeon-gi

Menü (n)	메뉴	me-nyu
Einstellungen (pl)	설정	seol-jeong
Melodie (f)	벨소리	bel-so-ri
auswählen (vt)	선택하다	seon-taek-a-da

Rechner (m)	계산기	gye-san-gi
Anrufbeantworter (m)	자동 응답기	ja-dong eung-dap-gi
Wecker (m)	알람 시계	al-lam si-gye
Kontakte (pl)	연락처	yeol-lak-cheo

| SMS-Nachricht (f) | 문자 메시지 | mun-ja me-si-ji |
| Teilnehmer (m) | 가입자 | ga-ip-ja |

46. Bürobedarf

| Kugelschreiber (m) | 볼펜 | bol-pen |
| Federhalter (m) | 만년필 | man-nyeon-pil |

Bleistift (m)	연필	yeon-pil
Faserschreiber (m)	형광펜	hyeong-gwang-pen
Filzstift (m)	사인펜	sa-in-pen

Notizblock (m)	공책	gong-chaek
Terminkalender (m)	수첩	su-cheop
Lineal (n)	자	ja

Rechner (m)	계산기	gye-san-gi
Radiergummi (m)	지우개	ji-u-gae
Reißzwecke (f)	압정	ap-jeong
Heftklammer (f)	클립	keul-lip

Klebstoff (m)	접착제	jeop-chak-je
Hefter (m)	호치키스	ho-chi-ki-seu
Locher (m)	펀치	peon-chi
Bleistiftspitzer (m)	연필깎이	yeon-pil-kka-kki

47. Fremdsprachen

Sprache (f)	언어	eon-eo
Fremdsprache (f)	외국어	oe-gu-geo
studieren (z.B. Jura ~)	공부하다	gong-bu-ha-da
lernen (Englisch ~)	배우다	bae-u-da

lesen (vi, vt)	읽다	ik-da
sprechen (vi, vt)	말하다	mal-ha-da
verstehen (vt)	이해하다	i-hae-ha-da
schreiben (vi, vt)	쓰다	sseu-da

schnell (Adv)	빨리	ppal-li
langsam (Adv)	천천히	cheon-cheon-hi
fließend (Adv)	유창하게	yu-chang-ha-ge

Regeln (pl)	규칙	gyu-chik
Grammatik (f)	문법	mun-beop
Vokabular (n)	어휘	eo-hwi
Phonetik (f)	음성학	eum-seong-hak

Lehrbuch (n)	교과서	gyo-gwa-seo
Wörterbuch (n)	사전	sa-jeon
Selbstlernbuch (n)	자습서	ja-seup-seo
Sprachführer (m)	회화집	hoe-hwa-jip

Kassette (f)	테이프	te-i-peu
Videokassette (f)	비디오테이프	bi-di-o-te-i-peu
CD (f)	씨디	ssi-di
DVD (f)	디비디	di-bi-di

Alphabet (n)	알파벳	al-pa-bet
buchstabieren (vt)	… 의 철자이다	… ui cheol-ja-i-da
Aussprache (f)	발음	ba-reum

Akzent (m)	악센트	ak-sen-teu
mit Akzent	사투리로	sa-tu-ri-ro
ohne Akzent	억양 없이	eo-gyang eop-si

Wort (n)	단어	dan-eo
Bedeutung (f)	의미	ui-mi

Kurse (pl)	강좌	gang-jwa
sich einschreiben	등록하다	deung-nok-a-da

Lehrer (m)	강사	gang-sa
Übertragung (f)	번역	beo-nyeok
Übersetzung (f)	번역	beo-nyeok
Übersetzer (m)	번역가	beo-nyeok-ga
Dolmetscher (m)	통역가	tong-yeok-ga
Polyglott (m, f)	수개 국어를 말하는 사람	su-gae gu-geo-reul mal-ha-neun sa-ram
Gedächtnis (n)	기억력	gi-eong-nyeok

MAHLZEITEN. RESTAURANT

48. Gedeck

Löffel (m)	숟가락	sut-ga-rak
Messer (n)	나이프	na-i-peu
Gabel (f)	포크	po-keu
Tasse (eine ~ Tee)	컵	keop
Teller (m)	접시	jeop-si
Untertasse (f)	받침 접시	bat-chim jeop-si
Serviette (f)	넵킨	naep-kin
Zahnstocher (m)	이쑤시개	i-ssu-si-gae

49. Restaurant

Restaurant (n)	레스토랑	re-seu-to-rang
Kaffeehaus (n)	커피숍	keo-pi-syop
Bar (f)	바	ba
Teesalon (m)	카페, 티룸	ka-pe, ti-rum
Kellner (m)	웨이터	we-i-teo
Kellnerin (f)	웨이트리스	we-i-teu-ri-seu
Barmixer (m)	바텐더	ba-ten-deo
Speisekarte (f)	메뉴판	me-nyu-pan
Weinkarte (f)	와인 메뉴	wa-in me-nyu
einen Tisch reservieren	테이블 예약을 하다	te-i-beul rye-ya-geul ha-da
Gericht (n)	요리, 코스	yo-ri, ko-seu
bestellen (vt)	주문하다	ju-mun-ha-da
eine Bestellung aufgeben	주문을 하다	ju-mu-neul ha-da
Aperitif (m)	아페리티프	a-pe-ri-ti-peu
Vorspeise (f)	애피타이저	ae-pi-ta-i-jeo
Nachtisch (m)	디저트	di-jeo-teu
Rechnung (f)	계산서	gye-san-seo
Rechnung bezahlen	계산하다	gye-san-ha-da
das Wechselgeld geben	거스름돈을 주다	geo-seu-reum-do-neul ju-da
Trinkgeld (n)	팁	tip

50. Mahlzeiten

Essen (n)	음식	eum-sik
essen (vi, vt)	먹다	meok-da

Frühstück (n)	아침식사	a-chim-sik-sa
frühstücken (vi)	아침을 먹다	a-chi-meul meok-da
Mittagessen (n)	점심식사	jeom-sim-sik-sa
zu Mittag essen	점심을 먹다	jeom-si-meul meok-da
Abendessen (n)	저녁식사	jeo-nyeok-sik-sa
zu Abend essen	저녁을 먹다	jeo-nyeo-geul meok-da

Appetit (m)	식욕	si-gyok
Guten Appetit!	맛있게 드십시오!	man-nit-ge deu-sip-si-o!

öffnen (vt)	열다	yeol-da
verschütten (vt)	엎지르다	eop-ji-reu-da
verschüttet werden	쏟아지다	sso-da-ji-da

kochen (vi)	끓다	kkeul-ta
kochen (Wasser ~)	끓이다	kkeu-ri-da
gekocht (Adj)	끓인	kkeu-rin
kühlen (vt)	식히다	sik-i-da
abkühlen (vi)	식다	sik-da

Geschmack (m)	맛	mat
Beigeschmack (m)	뒷 맛	dwit mat

auf Diät sein	살을 빼다	sa-reul ppae-da
Diät (f)	다이어트	da-i-eo-teu
Vitamin (n)	비타민	bi-ta-min
Kalorie (f)	칼로리	kal-lo-ri
Vegetarier (m)	채식주의자	chae-sik-ju-ui-ja
vegetarisch (Adj)	채식주의의	chae-sik-ju-ui-ui

Fett (n)	지방	ji-bang
Protein (n)	단백질	dan-baek-jil
Kohlenhydrat (n)	탄수화물	tan-su-hwa-mul

Scheibchen (n)	조각	jo-gak
Stück (ein ~ Kuchen)	조각	jo-gak
Krümel (m)	부스러기	bu-seu-reo-gi

51. Gerichte

Gericht (n)	요리, 코스	yo-ri, ko-seu
Küche (f)	요리	yo-ri
Rezept (n)	요리법	yo-ri-beop
Portion (f)	분량	bul-lyang

Salat (m)	샐러드	sael-leo-deu
Suppe (f)	수프	su-peu

Brühe (f), Bouillon (f)	육수	yuk-su
belegtes Brot (n)	샌드위치	saen-deu-wi-chi
Spiegelei (n)	계란후라이	gye-ran-hu-ra-i

Hamburger (m)	햄버거	haem-beo-geo
Beefsteak (n)	비프스테이크	bi-peu-seu-te-i-keu

Beilage (f)	사이드 메뉴	sa-i-deu me-nyu
Spaghetti (pl)	스파게티	seu-pa-ge-ti
Kartoffelpüree (n)	으깬 감자	eu-kkaen gam-ja
Pizza (f)	피자	pi-ja
Brei (m)	죽	juk
Omelett (n)	오믈렛	o-meul-let

gekocht	삶은	sal-meun
geräuchert	훈제된	hun-je-doen
gebraten	튀긴	twi-gin
getrocknet	말린	mal-lin
tiefgekühlt	얼린	eol-lin
mariniert	초절인	cho-jeo-rin

süß	단	dan
salzig	짠	jjan
kalt	차가운	cha-ga-un
heiß	뜨거운	tteu-geo-un
bitter	쓴	sseun
lecker	맛있는	man-nin-neun

kochen (vt)	삶다	sam-da
zubereiten (vt)	요리하다	yo-ri-ha-da
braten (vt)	부치다	bu-chi-da
aufwärmen (vt)	데우다	de-u-da

salzen (vt)	소금을 넣다	so-geu-meul leo-ta
pfeffern (vt)	후추를 넣다	hu-chu-reul leo-ta
reiben (vt)	강판에 갈다	gang-pa-ne gal-da
Schale (f)	껍질	kkeop-jil
schälen (vt)	껍질 벗기다	kkeop-jil beot-gi-da

52. Essen

Fleisch (n)	고기	go-gi
Hühnerfleisch (n)	닭고기	dak-go-gi
Küken (n)	영계	yeong-gye
Ente (f)	오리고기	o-ri-go-gi
Gans (f)	거위고기	geo-wi-go-gi
Wild (n)	사냥감	sa-nyang-gam
Pute (f)	칠면조고기	chil-myeon-jo-go-gi

Schweinefleisch (n)	돼지고기	dwae-ji-go-gi
Kalbfleisch (n)	송아지 고기	song-a-ji go-gi
Hammelfleisch (n)	양고기	yang-go-gi
Rindfleisch (n)	소고기	so-go-gi
Kaninchenfleisch (n)	토끼고기	to-kki-go-gi

Wurst (f)	소시지	so-si-ji
Würstchen (n)	비엔나 소시지	bi-en-na so-si-ji
Schinkenspeck (m)	베이컨	be-i-keon
Schinken (m)	햄	haem
Räucherschinken (m)	개먼	gae-meon
Pastete (f)	파테	pa-te

Leber (f)	간	gan
Hackfleisch (n)	다진 고기	da-jin go-gi
Zunge (f)	혀	hyeo

Ei (n)	계란	gye-ran
Eier (pl)	계란	gye-ran
Eiweiß (n)	흰자	huin-ja
Eigelb (n)	노른자	no-reun-ja

Fisch (m)	생선	saeng-seon
Meeresfrüchte (pl)	해물	hae-mul
Kaviar (m)	캐비어	kae-bi-eo

Krabbe (f)	게	ge
Garnele (f)	새우	sae-u
Auster (f)	굴	gul
Languste (f)	대하	dae-ha
Krake (m)	문어	mun-eo
Kalmar (m)	오징어	o-jing-eo

Störfleisch (n)	철갑상어	cheol-gap-sang-eo
Lachs (m)	연어	yeon-eo
Heilbutt (m)	넙치	neop-chi

Dorsch (m)	대구	dae-gu
Makrele (f)	고등어	go-deung-eo
Tunfisch (m)	참치	cham-chi
Aal (m)	뱀장어	baem-jang-eo

Forelle (f)	송어	song-eo
Sardine (f)	정어리	jeong-eo-ri
Hecht (m)	강꼬치고기	gang-kko-chi-go-gi
Hering (m)	청어	cheong-eo

Brot (n)	빵	ppang
Käse (m)	치즈	chi-jeu
Zucker (m)	설탕	seol-tang
Salz (n)	소금	so-geum

Reis (m)	쌀	ssal
Teigwaren (pl)	파스타	pa-seu-ta
Nudeln (pl)	면	myeon

Butter (f)	버터	beo-teo
Pflanzenöl (n)	식물유	sing-mu-ryu
Sonnenblumenöl (n)	해바라기유	hae-ba-ra-gi-yu
Margarine (f)	마가린	ma-ga-rin

| Oliven (pl) | 올리브 | ol-li-beu |
| Olivenöl (n) | 올리브유 | ol-li-beu-yu |

Milch (f)	우유	u-yu
Kondensmilch (f)	연유	yeo-nyu
Joghurt (m)	요구르트	yo-gu-reu-teu
saure Sahne (f)	사워크림	sa-wo-keu-rim
Sahne (f)	크림	keu-rim

| Mayonnaise (f) | 마요네즈 | ma-yo-ne-jeu |
| Buttercreme (f) | 버터크림 | beo-teo-keu-rim |

Grütze (f)	곡물	gong-mul
Mehl (n)	밀가루	mil-ga-ru
Konserven (pl)	통조림	tong-jo-rim

Maisflocken (pl)	콘플레이크	kon-peul-le-i-keu
Honig (m)	꿀	kkul
Marmelade (f)	잼	jaem
Kaugummi (m, n)	껌	kkeom

53. Getränke

Wasser (n)	물	mul
Trinkwasser (n)	음료수	eum-nyo-su
Mineralwasser (n)	미네랄 워터	mi-ne-ral rwo-teo

still	탄산 없는	tan-san neom-neun
mit Kohlensäure	탄산의	tan-sa-nui
mit Gas	탄산이 든	tan-san-i deun
Eis (n)	얼음	eo-reum
mit Eis	얼음을 넣은	eo-reu-meul leo-eun

alkoholfrei (Adj)	무알코올의	mu-al-ko-o-rui
alkoholfreies Getränk (n)	청량음료	cheong-nyang-eum-nyo
Erfrischungsgetränk (n)	청량 음료	cheong-nyang eum-nyo
Limonade (f)	레모네이드	re-mo-ne-i-deu

Spirituosen (pl)	술	sul
Wein (m)	와인	wa-in
Weißwein (m)	백 포도주	baek po-do-ju
Rotwein (m)	레드 와인	re-deu wa-in

Likör (m)	리큐르	ri-kyu-reu
Champagner (m)	샴페인	syam-pe-in
Wermut (m)	베르무트	be-reu-mu-teu

Whisky (m)	위스키	wi-seu-ki
Wodka (m)	보드카	bo-deu-ka
Gin (m)	진	jin
Kognak (m)	코냑	ko-nyak
Rum (m)	럼	reom

Kaffee (m)	커피	keo-pi
schwarzer Kaffee (m)	블랙 커피	beul-laek keo-pi
Milchkaffee (m)	밀크 커피	mil-keu keo-pi
Cappuccino (m)	카푸치노	ka-pu-chi-no
Pulverkaffee (m)	인스턴트 커피	in-seu-teon-teu keo-pi

Milch (f)	우유	u-yu
Cocktail (m)	칵테일	kak-te-il
Milchcocktail (m)	밀크 셰이크	mil-keu sye-i-keu
Saft (m)	주스	ju-seu

Tomatensaft (m)	토마토 주스	to-ma-to ju-seu
Orangensaft (m)	오렌지 주스	o-ren-ji ju-seu
frisch gepresster Saft (m)	생과일주스	saeng-gwa-il-ju-seu

Bier (n)	맥주	maek-ju
Helles (n)	라거	ra-geo
Dunkelbier (n)	흑맥주	heung-maek-ju

Tee (m)	차	cha
schwarzer Tee (m)	홍차	hong-cha
grüner Tee (m)	녹차	nok-cha

54. Gemüse

Gemüse (n)	채소	chae-so
grünes Gemüse (pl)	녹황색 채소	nok-wang-saek chae-so

Tomate (f)	토마토	to-ma-to
Gurke (f)	오이	o-i
Karotte (f)	당근	dang-geun
Kartoffel (f)	감자	gam-ja
Zwiebel (f)	양파	yang-pa
Knoblauch (m)	마늘	ma-neul

Kohl (m)	양배추	yang-bae-chu
Blumenkohl (m)	컬리플라워	keol-li-peul-la-wo
Rosenkohl (m)	방울다다기 양배추	bang-ul-da-da-gi yang-bae-chu

Brokkoli (m)	브로콜리	beu-ro-kol-li

Rote Bete (f)	비트	bi-teu
Aubergine (f)	가지	ga-ji
Zucchini (f)	애호박	ae-ho-bak

Kürbis (m)	호박	ho-bak
Rübe (f)	순무	sun-mu

Petersilie (f)	파슬리	pa-seul-li
Dill (m)	딜	dil
Kopf Salat (m)	양상추	yang-sang-chu
Sellerie (m)	셀러리	sel-leo-ri

Spargel (m)	아스파라거스	a-seu-pa-ra-geo-seu
Spinat (m)	시금치	si-geum-chi

Erbse (f)	완두	wan-du
Bohnen (pl)	콩	kong

Mais (m)	옥수수	ok-su-su
weiße Bohne (f)	강낭콩	gang-nang-kong

Paprika (m)	피망	pi-mang
Radieschen (n)	무	mu
Artischocke (f)	아티초크	a-ti-cho-keu

55. Obst. Nüsse

Frucht (f)	과일	gwa-il
Apfel (m)	사과	sa-gwa
Birne (f)	배	bae
Zitrone (f)	레몬	re-mon
Apfelsine (f)	오렌지	o-ren-ji
Erdbeere (f)	딸기	ttal-gi
Mandarine (f)	귤	gyul
Pflaume (f)	자두	ja-du
Pfirsich (m)	복숭아	bok-sung-a
Aprikose (f)	살구	sal-gu
Himbeere (f)	라즈베리	ra-jeu-be-ri
Ananas (f)	파인애플	pa-in-ae-peul
Banane (f)	바나나	ba-na-na
Wassermelone (f)	수박	su-bak
Weintrauben (pl)	포도	po-do
Sauerkirsche (f)	신양	si-nyang
Süßkirsche (f)	양벚나무	yang-beon-na-mu
Melone (f)	멜론	mel-lon
Grapefruit (f)	자몽	ja-mong
Avocado (f)	아보카도	a-bo-ka-do
Papaya (f)	파파야	pa-pa-ya
Mango (f)	망고	mang-go
Granatapfel (m)	석류	seong-nyu
rote Johannisbeere (f)	레드커렌트	re-deu-keo-ren-teu
schwarze Johannisbeere (f)	블랙커렌트	beul-laek-keo-ren-teu
Stachelbeere (f)	구스베리	gu-seu-be-ri
Heidelbeere (f)	빌베리	bil-be-ri
Brombeere (f)	블랙베리	beul-laek-be-ri
Rosinen (pl)	건포도	geon-po-do
Feige (f)	무화과	mu-hwa-gwa
Dattel (f)	대추야자	dae-chu-ya-ja
Erdnuss (f)	땅콩	ttang-kong
Mandel (f)	아몬드	a-mon-deu
Walnuss (f)	호두	ho-du
Haselnuss (f)	개암	gae-am
Kokosnuss (f)	코코넛	ko-ko-neot
Pistazien (pl)	피스타치오	pi-seu-ta-chi-o

56. Brot. Süßigkeiten

Konditorwaren (pl)	과자류	gwa-ja-ryu
Brot (n)	빵	ppang
Keks (m, n)	쿠키	ku-ki
Schokolade (f)	초콜릿	cho-kol-lit
Schokoladen-	초콜릿의	cho-kol-lis-ui

Bonbon (m, n)	사탕	sa-tang
Kuchen (m)	케이크	ke-i-keu
Torte (f)	케이크	ke-i-keu

Kuchen (Apfel-)	파이	pa-i
Füllung (f)	속	sok

Konfitüre (f)	잼	jaem
Marmelade (f)	마멀레이드	ma-meol-le-i-deu
Waffeln (pl)	와플	wa-peul
Eis (n)	아이스크림	a-i-seu-keu-rim

57. Gewürze

Salz (n)	소금	so-geum
salzig (Adj)	짜	jja
salzen (vt)	소금을 넣다	so-geu-meul leo-ta

schwarzer Pfeffer (m)	후추	hu-chu
roter Pfeffer (m)	고춧가루	go-chut-ga-ru
Senf (m)	겨자	gyeo-ja
Meerrettich (m)	고추냉이	go-chu-naeng-i

Gewürz (n)	양념	yang-nyeom
Gewürz (n)	향료	hyang-nyo
Soße (f)	소스	so-seu
Essig (m)	식초	sik-cho

Anis (m)	아니스	a-ni-seu
Basilikum (n)	바질	ba-jil
Nelke (f)	정향	jeong-hyang
Ingwer (m)	생강	saeng-gang
Koriander (m)	고수	go-su
Zimt (m)	계피	gye-pi

Sesam (m)	깨	kkae
Lorbeerblatt (n)	월계수잎	wol-gye-su-ip
Paprika (m)	파프리카	pa-peu-ri-ka
Kümmel (m)	캐러웨이	kae-reo-we-i
Safran (m)	사프란	sa-peu-ran

PERSÖNLICHE INFORMATIONEN. FAMILIE

58. Persönliche Informationen. Formulare

Vorname (m)	이름	i-reum
Name (m)	성	seong
Geburtsdatum (n)	생년월일	saeng-nyeon-wo-ril
Geburtsort (m)	탄생지	tan-saeng-ji
Nationalität (f)	국적	guk-jeok
Wohnort (m)	거소	geo-so
Land (n)	나라	na-ra
Beruf (m)	직업	ji-geop
Geschlecht (n)	성별	seong-byeol
Größe (f)	키	ki
Gewicht (n)	몸무게	mom-mu-ge

59. Familienmitglieder. Verwandte

Mutter (f)	어머니	eo-meo-ni
Vater (m)	아버지	a-beo-ji
Sohn (m)	아들	a-deul
Tochter (f)	딸	ttal
jüngste Tochter (f)	작은딸	ja-geun-ttal
jüngste Sohn (m)	작은아들	ja-geun-a-deul
ältere Tochter (f)	맏딸	mat-ttal
älterer Sohn (m)	맏아들	ma-da-deul
Bruder (m)	형제	hyeong-je
Schwester (f)	자매	ja-mae
Cousin (m)	사촌 형제	sa-chon hyeong-je
Cousine (f)	사촌 자매	sa-chon ja-mae
Mama (f)	엄마	eom-ma
Papa (m)	아빠	a-ppa
Eltern (pl)	부모	bu-mo
Kind (n)	아이, 아동	a-i, a-dong
Kinder (pl)	아이들	a-i-deul
Großmutter (f)	할머니	hal-meo-ni
Großvater (m)	할아버지	ha-ra-beo-ji
Enkel (m)	손자	son-ja
Enkelin (f)	손녀	son-nyeo
Enkelkinder (pl)	손자들	son-ja-deul
Onkel (m)	삼촌	sam-chon

| Neffe (m) | 조카 | jo-ka |
| Nichte (f) | 조카딸 | jo-ka-ttal |

Schwiegermutter (f)	장모	jang-mo
Schwiegervater (m)	시아버지	si-a-beo-ji
Schwiegersohn (m)	사위	sa-wi
Stiefmutter (f)	계모	gye-mo
Stiefvater (m)	계부	gye-bu

Säugling (m)	영아	yeong-a
Kleinkind (n)	아기	a-gi
Kleine (m)	꼬마	kko-ma

Frau (f)	아내	a-nae
Mann (m)	남편	nam-pyeon
Ehemann (m)	배우자	bae-u-ja
Gemahlin (f)	배우자	bae-u-ja

verheiratet (Ehemann)	결혼한	gyeol-hon-han
verheiratet (Ehefrau)	결혼한	gyeol-hon-han
ledig	미혼의	mi-hon-ui
Junggeselle (m)	미혼 남자	mi-hon nam-ja
geschieden (Adj)	이혼한	i-hon-han
Witwe (f)	과부	gwa-bu
Witwer (m)	홀아비	ho-ra-bi

Verwandte (m)	친척	chin-cheok
naher Verwandter (m)	가까운 친척	ga-kka-un chin-cheok
entfernter Verwandter (m)	먼 친척	meon chin-cheok
Verwandte (pl)	친척들	chin-cheok-deul

Waise (m, f)	고아	go-a
Vormund (m)	후견인	hu-gyeon-in
adoptieren (einen Jungen)	입양하다	i-byang-ha-da
adoptieren (ein Mädchen)	입양하다	i-byang-ha-da

60. Freunde. Arbeitskollegen

Freund (m)	친구	chin-gu
Freundin (f)	친구	chin-gu
Freundschaft (f)	우정	u-jeong
befreundet sein	사귀다	sa-gwi-da

Freund (m)	벗	beot
Freundin (f)	벗	beot
Partner (m)	파트너	pa-teu-neo

Chef (m)	상사	sang-sa
Vorgesetzte (m)	윗사람	wit-sa-ram
Untergeordnete (m)	부하	bu-ha
Kollege (m), Kollegin (f)	동료	dong-nyo

| Bekannte (m) | 아는 사람 | a-neun sa-ram |
| Reisegefährte (m) | 동행자 | dong-haeng-ja |

Mitschüler (m)	동급생	dong-geup-saeng
Nachbar (m)	이웃	i-ut
Nachbarin (f)	이웃	i-ut
Nachbarn (pl)	이웃들	i-ut-deul

MENSCHLICHER KÖRPER. MEDIZIN

61. Kopf

Kopf (m)	머리	meo-ri
Gesicht (n)	얼굴	eol-gul
Nase (f)	코	ko
Mund (m)	입	ip
Auge (n)	눈	nun
Augen (pl)	눈	nun
Pupille (f)	눈동자	nun-dong-ja
Augenbraue (f)	눈썹	nun-sseop
Wimper (f)	속눈썹	song-nun-sseop
Augenlid (n)	눈꺼풀	nun-kkeo-pul
Zunge (f)	혀	hyeo
Zahn (m)	이	i
Lippen (pl)	입술	ip-sul
Backenknochen (pl)	광대뼈	gwang-dae-ppyeo
Zahnfleisch (n)	잇몸	in-mom
Gaumen (m)	입천장	ip-cheon-jang
Nasenlöcher (pl)	콧구멍	kot-gu-meong
Kinn (n)	턱	teok
Kiefer (m)	턱	teok
Wange (f)	뺨, 볼	ppyam, bol
Stirn (f)	이마	i-ma
Schläfe (f)	관자놀이	gwan-ja-no-ri
Ohr (n)	귀	gwi
Nacken (m)	뒤통수	dwi-tong-su
Hals (m)	목	mok
Kehle (f)	목구멍	mok-gu-meong
Haare (pl)	머리털, 헤어	meo-ri-teol, he-eo
Frisur (f)	머리 스타일	meo-ri seu-ta-il
Haarschnitt (m)	헤어컷	he-eo-keot
Perücke (f)	가발	ga-bal
Schnurrbart (m)	콧수염	kot-su-yeom
Bart (m)	턱수염	teok-su-yeom
haben (einen Bart ~)	기르다	gi-reu-da
Zopf (m)	땋은 머리	tta-eun meo-ri
Backenbart (m)	구레나룻	gu-re-na-rut
rothaarig	빨강머리의	ppal-gang-meo-ri-ui
grau	흰머리의	huin-meo-ri-ui
kahl	대머리인	dae-meo-ri-in
Glatze (f)	땜통	ttaem-tong

| Pferdeschwanz (m) | 말총머리 | mal-chong-meo-ri |
| Pony (Ponyfrisur) | 앞머리 | am-meo-ri |

62. Menschlicher Körper

| Hand (f) | 손 | son |
| Arm (m) | 팔 | pal |

Finger (m)	손가락	son-ga-rak
Daumen (m)	엄지손가락	eom-ji-son-ga-rak
kleiner Finger (m)	새끼손가락	sae-kki-son-ga-rak
Nagel (m)	손톱	son-top

Faust (f)	주먹	ju-meok
Handfläche (f)	손바닥	son-ba-dak
Handgelenk (n)	손목	son-mok
Unterarm (m)	전박	jeon-bak
Ellbogen (m)	팔꿈치	pal-kkum-chi
Schulter (f)	어깨	eo-kkae

Bein (n)	다리	da-ri
Fuß (m)	발	bal
Knie (n)	무릎	mu-reup
Wade (f)	종아리	jong-a-ri
Hüfte (f)	엉덩이	eong-deong-i
Ferse (f)	발뒤꿈치	bal-dwi-kkum-chi

Körper (m)	몸	mom
Bauch (m)	배	bae
Brust (f)	가슴	ga-seum
Busen (m)	가슴	ga-seum
Seite (f), Flanke (f)	옆구리	yeop-gu-ri
Rücken (m)	등	deung
Kreuz (n)	허리	heo-ri
Taille (f)	허리	heo-ri

Nabel (m)	배꼽	bae-kkop
Gesäßbacken (pl)	엉덩이	eong-deong-i
Hinterteil (n)	엉덩이	eong-deong-i

Leberfleck (m)	점	jeom
Muttermal (n)	모반	mo-ban
Tätowierung (f)	문신	mun-sin
Narbe (f)	흉터	hyung-teo

63. Krankheiten

Krankheit (f)	병	byeong
krank sein	눕다	nup-da
Gesundheit (f)	건강	geon-gang
Schnupfen (m)	비염	bi-yeom
Angina (f)	편도염	pyeon-do-yeom

Erkältung (f)	감기	gam-gi
sich erkälten	감기에 걸리다	gam-gi-e geol-li-da
Bronchitis (f)	기관지염	gi-gwan-ji-yeom
Lungenentzündung (f)	폐렴	pye-ryeom
Grippe (f)	독감	dok-gam
kurzsichtig	근시의	geun-si-ui
weitsichtig	원시의	won-si-ui
Schielen (n)	사시	sa-si
schielend (Adj)	사시인	sa-si-in
grauer Star (m)	백내장	baeng-nae-jang
Glaukom (n)	녹내장	nong-nae-jang
Schlaganfall (m)	뇌졸중	noe-jol-jung
Infarkt (m)	심장마비	sim-jang-ma-bi
Herzinfarkt (m)	심근경색증	sim-geun-gyeong-saek-jeung
Lähmung (f)	마비	ma-bi
lähmen (vt)	마비되다	ma-bi-doe-da
Allergie (f)	알레르기	al-le-reu-gi
Asthma (n)	천식	cheon-sik
Diabetes (m)	당뇨병	dang-nyo-byeong
Zahnschmerz (m)	치통, 이앓이	chi-tong, i-a-ri
Karies (f)	충치	chung-chi
Durchfall (m)	설사	seol-sa
Verstopfung (f)	변비증	byeon-bi-jeung
Magenverstimmung (f)	배탈	bae-tal
Vergiftung (f)	식중독	sik-jung-dok
Vergiftung bekommen	식중독에 걸리다	sik-jung-do-ge geol-li-da
Arthritis (f)	관절염	gwan-jeo-ryeom
Rachitis (f)	구루병	gu-ru-byeong
Rheumatismus (m)	류머티즘	ryu-meo-ti-jeum
Gastritis (f)	위염	wi-yeom
Blinddarmentzündung (f)	맹장염	maeng-jang-yeom
Cholezystitis (f)	담낭염	dam-nang-yeom
Geschwür (n)	궤양	gwe-yang
Masern (pl)	홍역	hong-yeok
Röteln (pl)	풍진	pung-jin
Gelbsucht (f)	황달	hwang-dal
Hepatitis (f)	간염	gan-nyeom
Schizophrenie (f)	정신 분열증	jeong-sin bu-nyeol-jung
Tollwut (f)	광견병	gwang-gyeon-byeong
Neurose (f)	신경증	sin-gyeong-jeung
Gehirnerschütterung (f)	뇌진탕	noe-jin-tang
Krebs (m)	암	am
Sklerose (f)	경화증	gyeong-hwa-jeung
multiple Sklerose (f)	다발성 경화증	da-bal-seong gyeong-hwa-jeung

Alkoholismus (m)	알코올 중독	al-ko-ol jung-dok
Alkoholiker (m)	알코올 중독자	al-ko-ol jung-dok-ja
Syphilis (f)	매독	mae-dok
AIDS	에이즈	e-i-jeu

Tumor (m)	종양	jong-yang
bösartig	악성의	ak-seong-ui
gutartig	양성의	yang-seong-ui

Fieber (n)	열병	yeol-byeong
Malaria (f)	말라리아	mal-la-ri-a
Gangrän (f, n)	피저	goe-jeo
Seekrankheit (f)	뱃멀미	baen-meol-mi
Epilepsie (f)	간질	gan-jil

Epidemie (f)	유행병	yu-haeng-byeong
Typhus (m)	발진티푸스	bal-jin-ti-pu-seu
Tuberkulose (f)	결핵	gyeol-haek
Cholera (f)	콜레라	kol-le-ra
Pest (f)	페스트	pe-seu-teu

64. Symptome. Behandlungen. Teil 1

Symptom (n)	증상	jeung-sang
Temperatur (f)	체온	che-on
Fieber (n)	열	yeol
Puls (m)	맥박	maek-bak

Schwindel (m)	현기증	hyeon-gi-jeung
heiß (Stirne usw.)	뜨거운	tteu-geo-un
Schüttelfrost (m)	전율	jeo-nyul
blass (z.B. -es Gesicht)	창백한	chang-baek-an

Husten (m)	기침	gi-chim
husten (vi)	기침을 하다	gi-chi-meul ha-da
niesen (vi)	재채기하다	jae-chae-gi-ha-da
Ohnmacht (f)	실신	sil-sin
ohnmächtig werden	실신하다	sil-sin-ha-da

blauer Fleck (m)	멍	meong
Beule (f)	혹	hok
sich stoßen	부딪치다	bu-dit-chi-da
Prellung (f)	타박상	ta-bak-sang
sich stoßen	타박상을 입다	ta-bak-sang-eul rip-da

hinken (vi)	절다	jeol-da
Verrenkung (f)	탈구	tal-gu
ausrenken (vt)	탈구하다	tal-gu-ha-da
Fraktur (f)	골절	gol-jeol
brechen (Arm usw.)	골절하다	gol-jeol-ha-da

Schnittwunde (f)	베인	be-in
sich schneiden	베다	jeol-chang-eul rip-da
Blutung (f)	출혈	chul-hyeol

| Verbrennung (f) | 화상 | hwa-sang |
| sich verbrennen | 데다 | de-da |

stechen (vt)	찌르다	jji-reu-da
sich stechen	찔리다	jjil-li-da
verletzen (vt)	다치다	da-chi-da
Verletzung (f)	부상	bu-sang
Wunde (f)	부상	bu-sang
Trauma (n)	정신적 외상	jeong-sin-jeok goe-sang

irrereden (vi)	망상을 겨다	mang-sang-eul gyeok-da
stottern (vi)	말을 더듬다	ma-reul deo-deum-da
Sonnenstich (m)	일사병	il-sa-byeong

65. Symptome. Behandlungen. Teil 2

| Schmerz (m) | 통증 | tong-jeung |
| Splitter (m) | 가시 | ga-si |

Schweiß (m)	땀	ttam
schwitzen (vi)	땀이 나다	ttam-i na-da
Erbrechen (n)	구토	gu-to
Krämpfe (pl)	경련	gyeong-nyeon

schwanger	임신한	im-sin-han
geboren sein	태어나다	tae-eo-na-da
Geburt (f)	출산	chul-san
gebären (vt)	낳다	na-ta
Abtreibung (f)	낙태	nak-tae

Atem (m)	호흡	ho-heup
Atemzug (m)	들숨	deul-sum
Ausatmung (f)	날숨	nal-sum
ausatmen (vt)	내쉬다	nae-swi-da
einatmen (vt)	들이쉬다	deu-ri-swi-da

Invalide (m)	장애인	jang-ae-in
Krüppel (m)	병신	byeong-sin
Drogenabhängiger (m)	마약 중독자	ma-yak jung-dok-ja

taub	귀가 먼	gwi-ga meon
stumm	벙어리인	beong-eo-ri-in
taubstumm	농아인	nong-a-in

verrückt (Adj)	미친	mi-chin
Irre (m)	광인	gwang-in
Irre (f)	광인	gwang-in
den Verstand verlieren	미치다	mi-chi-da

Gen (n)	유전자	yu-jeon-ja
Immunität (f)	면역성	myeo-nyeok-seong
erblich	유전의	yu-jeon-ui
angeboren	선천적인	seon-cheon-jeo-gin
Virus (m, n)	바이러스	ba-i-reo-seu

Mikrobe (f)	미생물	mi-saeng-mul
Bakterie (f)	세균	se-gyun
Infektion (f)	감염	gam-nyeom

66. Symptome. Behandlungen. Teil 3

| Krankenhaus (n) | 병원 | byeong-won |
| Patient (m) | 환자 | hwan-ja |

Diagnose (f)	진단	jin-dan
Heilung (f)	치료	chi-ryo
Behandlung bekommen	치료를 받다	chi-ryo-reul bat-da
behandeln (vt)	치료하다	chi-ryo-ha-da
pflegen (Kranke)	간호하다	gan-ho-ha-da
Pflege (f)	간호	gan-ho

Operation (f)	수술	su-sul
verbinden (vt)	붕대를 감다	bung-dae-reul gam-da
Verband (m)	붕대	bung-dae

Impfung (f)	예방주사	ye-bang-ju-sa
impfen (vt)	접종하다	jeop-jong-ha-da
Spritze (f)	주사	ju-sa
eine Spritze geben	주사하다	ju-sa-ha-da

Amputation (f)	절단	jeol-dan
amputieren (vt)	절단하다	jeol-dan-ha-da
Koma (n)	혼수 상태	hon-su sang-tae
im Koma liegen	혼수 상태에 있다	hon-su sang-tae-e it-da
Reanimation (f)	집중 치료	jip-jung chi-ryo

genesen von ... (vi)	회복하다	hoe-bok-a-da
Zustand (m)	상태	sang-tae
Bewusstsein (n)	의식	ui-sik
Gedächtnis (n)	기억	gi-eok

ziehen (einen Zahn ~)	빼다	ppae-da
Plombe (f)	충전물	chung-jeon-mul
plombieren (vt)	때우다	ttae-u-da

| Hypnose (f) | 최면 | choe-myeon |
| hypnotisieren (vt) | 최면을 걸다 | choe-myeo-neul geol-da |

67. Medizin. Medikamente. Accessoires

Arznei (f)	약	yak
Heilmittel (n)	약제	yak-je
Rezept (n)	처방	cheo-bang

Tablette (f)	정제	jeong-je
Salbe (f)	연고	yeon-go
Ampulle (f)	앰풀	aem-pul

Mixtur (f)	혼합물	hon-ham-mul
Sirup (m)	물약	mul-lyak
Pille (f)	알약	a-ryak
Pulver (n)	가루약	ga-ru-yak

Verband (m)	거즈 붕대	geo-jeu bung-dae
Watte (f)	솜	som
Jod (n)	요오드	yo-o-deu

Pflaster (n)	반창고	ban-chang-go
Pipette (f)	점안기	jeom-an-gi
Thermometer (n)	체온계	che-on-gye
Spritze (f)	주사기	ju-sa-gi

| Rollstuhl (m) | 휠체어 | hwil-che-eo |
| Krücken (pl) | 목발 | mok-bal |

Betäubungsmittel (n)	진통제	jin-tong-je
Abführmittel (n)	완하제	wan-ha-je
Spiritus (m)	알코올	al-ko-ol
Heilkraut (n)	약초	yak-cho
Kräuter- (z.B. Kräutertee)	약초의	yak-cho-ui

WOHNUNG

68. Wohnung

Wohnung (f)	아파트	a-pa-teu
Zimmer (n)	방	bang
Schlafzimmer (n)	침실	chim-sil
Esszimmer (n)	식당	sik-dang
Wohnzimmer (n)	거실	geo-sil
Arbeitszimmer (n)	서재	seo-jae
Vorzimmer (n)	곁방	gyeot-bang
Badezimmer (n)	욕실	yok-sil
Toilette (f)	화장실	hwa-jang-sil
Decke (f)	천장	cheon-jang
Fußboden (m)	마루	ma-ru
Ecke (f)	구석	gu-seok

69. Möbel. Innenausstattung

Möbel (n)	가구	ga-gu
Tisch (m)	식탁, 테이블	sik-tak, te-i-beul
Stuhl (m)	의자	ui-ja
Bett (n)	침대	chim-dae
Sofa (n)	소파	so-pa
Sessel (m)	안락 의자	al-lak gui-ja
Bücherschrank (m)	책장	chaek-jang
Regal (n)	책꽂이	chaek-kko-ji
Schrank (m)	옷장	ot-jang
Hakenleiste (f)	옷걸이	ot-geo-ri
Kleiderständer (m)	스탠드옷걸이	seu-taen-deu-ot-geo-ri
Kommode (f)	서랍장	seo-rap-jang
Couchtisch (m)	커피 테이블	keo-pi te-i-beul
Spiegel (m)	거울	geo-ul
Teppich (m)	양탄자	yang-tan-ja
Matte (kleiner Teppich)	러그	reo-geu
Kamin (m)	벽난로	byeong-nan-no
Kerze (f)	초	cho
Kerzenleuchter (m)	촛대	chot-dae
Vorhänge (pl)	커튼	keo-teun
Tapete (f)	벽지	byeok-ji

Jalousie (f)	블라인드	beul-la-in-deu
Tischlampe (f)	테이블 램프	deung
Leuchte (f)	벽등	byeok-deung
Stehlampe (f)	플로어 스탠드	peul-lo-eo seu-taen-deu
Kronleuchter (m)	샹들리에	syang-deul-li-e

Bein (Tischbein usw.)	다리	da-ri
Armlehne (f)	팔걸이	pal-geo-ri
Lehne (f)	등받이	deung-ba-ji
Schublade (f)	서랍	seo-rap

70. Bettwäsche

Bettwäsche (f)	침구	chim-gu
Kissen (n)	베개	be-gae
Kissenbezug (m)	베갯잇	be-gaen-nit
Bettdecke (f)	이불	i-bul
Laken (n)	시트	si-teu
Tagesdecke (f)	침대보	chim-dae-bo

71. Küche

Küche (f)	부엌	bu-eok
Gas (n)	가스	ga-seu
Gasherd (m)	가스 레인지	ga-seu re-in-ji
Elektroherd (m)	전기 레인지	jeon-gi re-in-ji
Backofen (m)	오븐	o-beun
Mikrowellenherd (m)	전자 레인지	jeon-ja re-in-ji

Kühlschrank (m)	냉장고	naeng-jang-go
Tiefkühltruhe (f)	냉동고	naeng-dong-go
Geschirrspülmaschine (f)	식기 세척기	sik-gi se-cheok-gi

Fleischwolf (m)	고기 분쇄기	go-gi bun-swae-gi
Saftpresse (f)	과즙기	gwa-jeup-gi
Toaster (m)	토스터	to-seu-teo
Mixer (m)	믹서기	mik-seo-gi

Kaffeemaschine (f)	커피 메이커	keo-pi me-i-keo
Kaffeekanne (f)	커피 주전자	keo-pi ju-jeon-ja
Kaffeemühle (f)	커피 그라인더	keo-pi geu-ra-in-deo

Wasserkessel (m)	주전자	ju-jeon-ja
Teekanne (f)	티팟	ti-pat
Deckel (m)	뚜껑	ttu-kkeong
Teesieb (n)	차거름망	cha-geo-reum-mang

Löffel (m)	숟가락	sut-ga-rak
Teelöffel (m)	티스푼	ti-seu-pun
Esslöffel (m)	숟가락	sut-ga-rak
Gabel (f)	포크	po-keu
Messer (n)	칼	kal

Geschirr (n)	식기	sik-gi
Teller (m)	접시	jeop-si
Untertasse (f)	받침 접시	bat-chim jeop-si

Schnapsglas (n)	소주잔	so-ju-jan
Glas (n)	유리잔	yu-ri-jan
Tasse (f)	컵	keop

Zuckerdose (f)	설탕그릇	seol-tang-geu-reut
Salzstreuer (m)	소금통	so-geum-tong
Pfefferstreuer (m)	후추통	hu-chu-tong
Butterdose (f)	버터 접시	beo-teo jeop-si

Kochtopf (m)	냄비	naem-bi
Pfanne (f)	프라이팬	peu-ra-i-paen
Schöpflöffel (m)	국자	guk-ja
Durchschlag (m)	체	che
Tablett (n)	쟁반	jaeng-ban

Flasche (f)	병	byeong
Glas (Einmachglas)	유리병	yu-ri-byeong
Dose (f)	캔, 깡통	kaen, kkang-tong

Flaschenöffner (m)	병따개	byeong-tta-gae
Dosenöffner (m)	깡통 따개	kkang-tong tta-gae
Korkenzieher (m)	코르크 마개 뽑이	ko-reu-keu ma-gae ppo-bi
Filter (n)	필터	pil-teo
filtern (vt)	여과하다	yeo-gwa-ha-da

| Müll (m) | 쓰레기 | sseu-re-gi |
| Mülleimer, Treteimer (m) | 쓰레기통 | sseu-re-gi-tong |

72. Bad

Badezimmer (n)	욕실	yok-sil
Wasser (n)	물	mul
Wasserhahn (m)	수도꼭지	su-do-kkok-ji
Warmwasser (n)	온수	on-su
Kaltwasser (n)	냉수	naeng-su

| Zahnpasta (f) | 치약 | chi-yak |
| Zähne putzen | 이를 닦다 | i-reul dak-da |

sich rasieren	깎다	kkak-da
Rasierschaum (m)	면도 크림	myeon-do keu-rim
Rasierer (m)	면도기	myeon-do-gi

waschen (vt)	씻다	ssit-da
sich waschen	목욕하다	mo-gyok-a-da
Dusche (f)	샤워	sya-wo
sich duschen	샤워하다	sya-wo-ha-da

| Badewanne (f) | 욕조 | yok-jo |
| Klosettbecken (n) | 변기 | byeon-gi |

Waschbecken (n)	세면대	se-myeon-dae
Seife (f)	비누	bi-nu
Seifenschale (f)	비누 그릇	bi-nu geu-reut

Schwamm (m)	스펀지	seu-peon-ji
Shampoo (n)	샴푸	syam-pu
Handtuch (n)	수건	su-geon
Bademantel (m)	목욕가운	mo-gyok-ga-un

Wäsche (f)	빨래	ppal-lae
Waschmaschine (f)	세탁기	se-tak-gi
waschen (vt)	빨래하다	ppal-lae-ha-da
Waschpulver (n)	가루세제	ga-ru-se-je

73. Haushaltsgeräte

Fernseher (m)	텔레비전	tel-le-bi-jeon
Tonbandgerät (n)	카세트 플레이어	ka-se-teu peul-le-i-eo
Videorekorder (m)	비디오테이프 녹화기	bi-di-o-te-i-peu nok-wa-gi
Empfänger (m)	라디오	ra-di-o
Player (m)	플레이어	peul-le-i-eo

Videoprojektor (m)	프로젝터	peu-ro-jek-teo
Heimkino (n)	홈씨어터	hom-ssi-eo-teo
DVD-Player (m)	디비디 플레이어	di-bi-di peul-le-i-eo
Verstärker (m)	앰프	aem-peu
Spielkonsole (f)	게임기	ge-im-gi

Videokamera (f)	캠코더	kaem-ko-deo
Kamera (f)	카메라	ka-me-ra
Digitalkamera (f)	디지털 카메라	di-ji-teol ka-me-ra

Staubsauger (m)	진공 청소기	jin-gong cheong-so-gi
Bügeleisen (n)	다리미	da-ri-mi
Bügelbrett (n)	다림질 판	da-rim-jil pan

Telefon (n)	전화	jeon-hwa
Mobiltelefon (n)	휴대폰	hyu-dae-pon
Schreibmaschine (f)	타자기	ta-ja-gi
Nähmaschine (f)	재봉틀	jae-bong-teul

Mikrophon (n)	마이크	ma-i-keu
Kopfhörer (m)	헤드폰	he-deu-pon
Fernbedienung (f)	원격 조종	won-gyeok jo-jong

CD (f)	씨디	ssi-di
Kassette (f)	테이프	te-i-peu
Schallplatte (f)	레코드 판	re-ko-deu pan

DIE ERDE. WETTER

74. Weltall

Kosmos (m)	우주	u-ju
kosmisch, Raum-	우주의	u-ju-ui
Weltraum (m)	우주 공간	u-ju gong-gan
All (n)	세계	se-gye
Universum (n)	우주	u-ju
Galaxie (f)	은하	eun-ha
Stern (m)	별, 항성	byeol, hang-seong
Gestirn (n)	별자리	byeol-ja-ri
Planet (m)	행성	haeng-seong
Satellit (m)	인공위성	in-gong-wi-seong
Meteorit (m)	운석	un-seok
Komet (m)	혜성	hye-seong
Asteroid (m)	소행성	so-haeng-seong
Umlaufbahn (f)	궤도	gwe-do
sich drehen	회전한다	hoe-jeon-han-da
Atmosphäre (f)	대기	dae-gi
Sonne (f)	태양	tae-yang
Sonnensystem (n)	태양계	tae-yang-gye
Sonnenfinsternis (f)	일식	il-sik
Erde (f)	지구	ji-gu
Mond (m)	달	dal
Mars (m)	화성	hwa-seong
Venus (f)	금성	geum-seong
Jupiter (m)	목성	mok-seong
Saturn (m)	토성	to-seong
Merkur (m)	수성	su-seong
Uran (m)	천왕성	cheon-wang-seong
Neptun (m)	해왕성	hae-wang-seong
Pluto (m)	명왕성	myeong-wang-seong
Milchstraße (f)	은하수	eun-ha-su
Der Große Bär	큰곰자리	keun-gom-ja-ri
Polarstern (m)	북극성	buk-geuk-seong
Marsbewohner (m)	화성인	hwa-seong-in
Außerirdischer (m)	외계인	oe-gye-in
außerirdisches Wesen (n)	외계인	oe-gye-in
fliegende Untertasse (f)	비행 접시	bi-haeng jeop-si
Raumschiff (n)	우주선	u-ju-seon

Raumstation (f)	우주 정거장	u-ju jeong-nyu-jang
Triebwerk (n)	엔진	en-jin
Düse (f)	노즐	no-jeul
Treibstoff (m)	연료	yeol-lyo

Kabine (f)	조종석	jo-jong-seok
Antenne (f)	안테나	an-te-na
Bullauge (n)	현창	hyeon-chang
Sonnenbatterie (f)	태양 전지	tae-yang jeon-ji
Raumanzug (m)	우주복	u-ju-bok

Schwerelosigkeit (f)	무중력	mu-jung-nyeok
Sauerstoff (m)	산소	san-so

Ankopplung (f)	도킹	do-king
koppeln (vi)	도킹하다	do-king-ha-da

Observatorium (n)	천문대	cheon-mun-dae
Teleskop (n)	망원경	mang-won-gyeong
beobachten (vt)	관찰하다	gwan-chal-ha-da
erforschen (vt)	탐험하다	tam-heom-ha-da

75. Die Erde

Erde (f)	지구	ji-gu
Erdkugel (f)	지구	ji-gu
Planet (m)	행성	haeng-seong

Atmosphäre (f)	대기	dae-gi
Geographie (f)	지리학	ji-ri-hak
Natur (f)	자연	ja-yeon

Globus (m)	지구의	ji-gu-ui
Landkarte (f)	지도	ji-do
Atlas (m)	지도첩	ji-do-cheop

Europa (n)	유럽	yu-reop
Asien (n)	아시아	a-si-a
Afrika (n)	아프리카	a-peu-ri-ka
Australien (n)	호주	ho-ju

Amerika (n)	아메리카 대륙	a-me-ri-ka dae-ryuk
Nordamerika (n)	북아메리카	bu-ga-me-ri-ka
Südamerika (n)	남아메리카	nam-a-me-ri-ka

Antarktis (f)	남극 대륙	nam-geuk dae-ryuk
Arktis (f)	극지방	geuk-ji-bang

76. Himmelsrichtungen

Norden (m)	북쪽	buk-jjok
nach Norden	북쪽으로	buk-jjo-geu-ro

| im Norden | 북쪽에 | buk-jjo-ge |
| nördlich | 북쪽의 | buk-jjo-gui |

Süden (m)	남쪽	nam-jjok
nach Süden	남쪽으로	nam-jjo-geu-ro
im Süden	남쪽에	nam-jjo-ge
südlich	남쪽의	nam-jjo-gui

Westen (m)	서쪽	seo-jjok
nach Westen	서쪽으로	seo-jjo-geu-ro
im Westen	서쪽에	seo-jjo-ge
westlich, West-	서쪽의	seo-jjo-gui

Osten (m)	동쪽	dong-jjok
nach Osten	동쪽으로	dong-jjo-geu-ro
im Osten	동쪽에	dong-jjo-ge
östlich	동쪽의	dong-jjo-gui

77. Meer. Ozean

Meer (n), See (f)	바다	ba-da
Ozean (m)	대양	dae-yang
Golf (m)	만	man
Meerenge (f)	해협	hae-hyeop

Kontinent (m)	대륙	dae-ryuk
Insel (f)	섬	seom
Halbinsel (f)	반도	ban-do
Archipel (m)	군도	gun-do

Bucht (f)	만	man
Hafen (m)	항구	hang-gu
Lagune (f)	석호	seok-o
Kap (n)	곶	got

Atoll (n)	환초	hwan-cho
Riff (n)	암초	am-cho
Koralle (f)	산호	san-ho
Korallenriff (n)	산호초	san-ho-cho

tief (Adj)	깊은	gi-peun
Tiefe (f)	깊이	gi-pi
Graben (m)	해구	hae-gu

| Strom (m) | 해류 | hae-ryu |
| umspülen (vt) | 둘러싸다 | dul-leo-ssa-da |

| Ufer (n) | 해변 | hae-byeon |
| Küste (f) | 바닷가 | ba-dat-ga |

Flut (f)	밀물	mil-mul
Ebbe (f)	썰물	sseol-mul
Sandbank (f)	모래톱	mo-rae-top
Boden (m)	해저	hae-jeo

Welle (f)	파도	pa-do
Wellenkamm (m)	물마루	mul-ma-ru
Schaum (m)	거품	geo-pum

Orkan (m)	허리케인	heo-ri-ke-in
Tsunami (m)	해일	hae-il
Windstille (f)	고요함	go-yo-ham
ruhig	고요한	go-yo-han

| Pol (m) | 극 | geuk |
| Polar- | 극지의 | geuk-ji-ui |

Breite (f)	위도	wi-do
Länge (f)	경도	gyeong-do
Breitenkreis (m)	위도선	wi-do-seon
Äquator (m)	적도	jeok-do

Himmel (m)	하늘	ha-neul
Horizont (m)	수평선	su-pyeong-seon
Luft (f)	공기	gong-gi

Leuchtturm (m)	등대	deung-dae
tauchen (vi)	뛰어들다	ttwi-eo-deul-da
versinken (vi)	가라앉다	ga-ra-an-da
Schätze (pl)	보물	bo-mul

78. Namen der Meere und Ozeane

Atlantischer Ozean (m)	대서양	dae-seo-yang
Indischer Ozean (m)	인도양	in-do-yang
Pazifischer Ozean (m)	태평양	tae-pyeong-yang
Arktischer Ozean (m)	북극해	buk-geuk-ae

Schwarzes Meer (n)	흑해	heuk-ae
Rotes Meer (n)	홍해	hong-hae
Gelbes Meer (n)	황해	hwang-hae
Weißes Meer (n)	백해	baek-ae

Kaspisches Meer (n)	카스피 해	ka-seu-pi hae
Totes Meer (n)	사해	sa-hae
Mittelmeer (n)	지중해	ji-jung-hae

| Ägäisches Meer (n) | 에게 해 | e-ge hae |
| Adriatisches Meer (n) | 아드리아 해 | a-deu-ri-a hae |

Arabisches Meer (n)	아라비아 해	a-ra-bi-a hae
Japanisches Meer (n)	동해	dong-hae
Beringmeer (n)	베링 해	be-ring hae
Südchinesisches Meer (n)	남중국해	nam-jung-guk-ae

Korallenmeer (n)	산호해	san-ho-hae
Tasmansee (f)	태즈먼 해	tae-jeu-meon hae
Karibisches Meer (n)	카리브 해	ka-ri-beu hae
Barentssee (f)	바렌츠 해	ba-ren-cheu hae

Karasee (f)	카라 해	ka-ra hae
Nordsee (f)	북해	buk-ae
Ostsee (f)	발트 해	bal-teu hae
Nordmeer (n)	노르웨이 해	no-reu-we-i hae

79. Berge

Berg (m)	산	san
Gebirgskette (f)	산맥	san-maek
Bergrücken (m)	능선	neung-seon

Gipfel (m)	정상	jeong-sang
Spitze (f)	봉우리	bong-u-ri
Bergfuß (m)	기슭	gi-seuk
Abhang (m)	경사면	gyeong-sa-myeon

Vulkan (m)	화산	hwa-san
tätiger Vulkan (m)	활화산	hwal-hwa-san
schlafender Vulkan (m)	사화산	sa-hwa-san

Ausbruch (m)	폭발	pok-bal
Krater (m)	분화구	bun-hwa-gu
Magma (n)	마그마	ma-geu-ma
Lava (f)	용암	yong-am
glühend heiß (-e Lava)	녹은	no-geun

Cañon (m)	협곡	hyeop-gok
Schlucht (f)	협곡	hyeop-gok
Spalte (f)	갈라진	gal-la-jin
Gebirgspass (m)	산길	san-gil
Plateau (n)	고원	go-won
Fels (m)	절벽	jeol-byeok
Hügel (m)	언덕, 작은 산	eon-deok, ja-geun san

Gletscher (m)	빙하	bing-ha
Wasserfall (m)	폭포	pok-po
Geiser (m)	간헐천	gan-heol-cheon
See (m)	호수	ho-su

Ebene (f)	평원	pyeong-won
Landschaft (f)	경관	gyeong-gwan
Echo (n)	메아리	me-a-ri

Bergsteiger (m)	등산가	deung-san-ga
Kletterer (m)	암벽 등반가	am-byeok deung-ban-ga
bezwingen (vt)	정복하다	jeong-bok-a-da
Aufstieg (m)	등반	deung-ban

80. Namen der Berge

| Alpen (pl) | 알프스 산맥 | al-peu-seu san-maek |
| Montblanc (m) | 몽블랑 산 | mong-beul-lang san |

Pyrenäen (pl)	피레네 산맥	pi-re-ne san-maek
Karpaten (pl)	카르파티아 산맥	ka-reu-pa-ti-a san-maek
Uralgebirge (n)	우랄 산맥	u-ral san-maek
Kaukasus (m)	코카서스 산맥	ko-ka-seo-seu san-maek
Elbrus (m)	엘브루스 산	el-beu-ru-seu san

Altai (m)	알타이 산맥	al-ta-i san-maek
Tian Shan (m)	톈샨 산맥	ten-syan san-maek
Pamir (m)	파미르 고원	pa-mi-reu go-won
Himalaja (m)	히말라야 산맥	hi-mal-la-ya san-maek
Everest (m)	에베레스트 산	e-be-re-seu-teu san

| Anden (pl) | 안데스 산맥 | an-de-seu san-maek |
| Kilimandscharo (m) | 킬리만자로 산 | kil-li-man-ja-ro san |

81. Flüsse

Fluss (m)	강	gang
Quelle (f)	샘	saem
Flussbett (n)	강바닥	gang-ba-dak
Stromgebiet (n)	유역	yu-yeok
einmünden in …	… 로 흘러가다	… ro heul-leo-ga-da

| Nebenfluss (m) | 지류 | ji-ryu |
| Ufer (n) | 둑 | duk |

Strom (m)	흐름	heu-reum
stromabwärts	하류로	gang ha-ryu-ro
stromaufwärts	상류로	sang-nyu-ro

Überschwemmung (f)	홍수	hong-su
Hochwasser (n)	홍수	hong-su
aus den Ufern treten	범람하다	beom-nam-ha-da
überfluten (vt)	범람하다	beom-nam-ha-da

| Sandbank (f) | 얕은 곳 | ya-teun got |
| Stromschnelle (f) | 여울 | yeo-ul |

Damm (m)	댐	daem
Kanal (m)	운하	un-ha
Stausee (m)	저수지	jeo-su-ji
Schleuse (f)	수문	su-mun

Gewässer (n)	저장 수량	jeo-jang su-ryang
Sumpf (m), Moor (n)	늪, 소택지	neup, so-taek-ji
Marsch (f)	수렁	su-reong
Strudel (m)	소용돌이	so-yong-do-ri

Bach (m)	개울, 시내	gae-ul, si-nae
Trink- (z.B. Trinkwasser)	마실 수 있는	ma-sil su in-neun
Süß- (Wasser)	민물의	min-mu-rui

| Eis (n) | 얼음 | eo-reum |
| zufrieren (vi) | 얼다 | eol-da |

82. Namen der Flüsse

Seine (f)	센 강	sen gang
Loire (f)	루아르 강	ru-a-reu gang
Themse (f)	템스 강	tem-seu gang
Rhein (m)	라인 강	ra-in gang
Donau (f)	도나우 강	do-na-u gang
Wolga (f)	볼가 강	bol-ga gang
Don (m)	돈 강	don gang
Lena (f)	레나 강	re-na gang
Gelber Fluss (m)	황허강	hwang-heo-gang
Jangtse (m)	양자강	yang-ja-gang
Mekong (m)	메콩 강	me-kong gang
Ganges (m)	갠지스 강	gaen-ji-seu gang
Nil (m)	나일 강	na-il gang
Kongo (m)	콩고 강	kong-go gang
Okavango (m)	오카방고 강	o-ka-bang-go gang
Sambesi (m)	잠베지 강	jam-be-ji gang
Limpopo (m)	림포포 강	rim-po-po gang

83. Wald

Wald (m)	숲	sup
Wald-	산림의	sal-li-mui
Dickicht (n)	밀림	mil-lim
Gehölz (n)	작은 숲	ja-geun sup
Lichtung (f)	빈터	bin-teo
Dickicht (n)	덤불	deom-bul
Gebüsch (n)	관목지	gwan-mok-ji
Fußweg (m)	오솔길	o-sol-gil
Erosionsrinne (f)	도랑	do-rang
Baum (m)	나무	na-mu
Blatt (n)	잎	ip
Laub (n)	나뭇잎	na-mun-nip
Laubfall (m)	낙엽	na-gyeop
fallen (Blätter)	떨어지다	tteo-reo-ji-da
Zweig (m)	가지	ga-ji
Ast (m)	큰 가지	keun ga-ji
Knospe (f)	잎눈	im-nun
Nadel (f)	바늘	ba-neul
Zapfen (m)	솔방울	sol-bang-ul
Höhlung (f)	구멍	gu-meong
Nest (n)	둥지	dung-ji

Höhle (f)	굴	gul
Stamm (m)	몸통	mom-tong
Wurzel (f)	뿌리	ppu-ri
Rinde (f)	껍질	kkeop-jil
Moos (n)	이끼	i-kki

entwurzeln (vt)	수목을 통째 뽑다	su-mo-geul tong-jjae ppop-da
fällen (vt)	자르다	ja-reu-da
abholzen (vt)	삼림을 없애다	sam-ni-meul reop-sae-da
Baumstumpf (m)	그루터기	geu-ru-teo-gi

Lagerfeuer (n)	모닥불	mo-dak-bul
Waldbrand (m)	산불	san-bul
löschen (vt)	끄다	kkeu-da

Förster (m)	산림경비원	sal-lim-gyeong-bi-won
Schutz (m)	보호	bo-ho
beschützen (vt)	보호하다	bo-ho-ha-da
Wilddieb (m)	밀렵자	mil-lyeop-ja
Falle (f)	덫	deot

sammeln, pflücken (vt)	따다	tta-da
sich verirren	길을 잃다	gi-reul ril-ta

84. natürliche Lebensgrundlagen

Naturressourcen (pl)	천연 자원	cheo-nyeon ja-won
Vorkommen (n)	매장량	mae-jang-nyang
Feld (Ölfeld usw.)	지역	ji-yeok

gewinnen (vt)	채광하다	chae-gwang-ha-da
Gewinnung (f)	막장일	mak-jang-il
Erz (n)	광석	gwang-seok
Bergwerk (n)	광산	gwang-san
Schacht (m)	갱도	gaeng-do
Bergarbeiter (m)	광부	gwang-bu

Erdgas (n)	가스	ga-seu
Gasleitung (f)	가스관	ga-seu-gwan

Erdöl (n)	석유	seo-gyu
Erdölleitung (f)	석유 파이프라인	seo-gyu pa-i-peu-ra-in
Ölquelle (f)	유정	yu-jeong
Bohrturm (m)	유정탑	yu-jeong-tap
Tanker (m)	유조선	yu-jo-seon

Sand (m)	모래	mo-rae
Kalkstein (m)	석회석	seok-oe-seok
Kies (m)	자갈	ja-gal
Torf (m)	토탄	to-tan
Ton (m)	점토	jeom-to
Kohle (f)	석탄	seok-tan
Eisen (n)	철	cheol
Gold (n)	금	geum

Silber (n)	은	eun
Nickel (n)	니켈	ni-kel
Kupfer (n)	구리	gu-ri

Zink (n)	아연	a-yeon
Mangan (n)	망간	mang-gan
Quecksilber (n)	수은	su-eun
Blei (n)	납	nap

Mineral (n)	광물	gwang-mul
Kristall (m)	수정	su-jeong
Marmor (m)	대리석	dae-ri-seok
Uran (n)	우라늄	u-ra-nyum

85. Wetter

Wetter (n)	날씨	nal-ssi
Wetterbericht (m)	일기 예보	il-gi ye-bo
Temperatur (f)	온도	on-do
Thermometer (n)	온도계	on-do-gye
Barometer (n)	기압계	gi-ap-gye

Feuchtigkeit (f)	습함, 습기	seu-pam, seup-gi
Hitze (f)	더위	deo-wi
glutheiß	더운	deo-un
ist heiß	덥다	deop-da

| ist warm | 따뜻하다 | tta-tteu-ta-da |
| warm (Adj) | 따뜻한 | tta-tteu-tan |

| ist kalt | 춥다 | chup-da |
| kalt (Adj) | 추운 | chu-un |

Sonne (f)	해	hae
scheinen (vi)	빛나다	bin-na-da
sonnig (Adj)	화창한	hwa-chang-han
aufgehen (vi)	뜨다	tteu-da
untergehen (vi)	지다	ji-da

Wolke (f)	구름	gu-reum
bewölkt, wolkig	구름의	gu-reum-ui
trüb (-er Tag)	흐린	heu-rin

Regen (m)	비	bi
Es regnet	비가 오다	bi-ga o-da
regnerisch (-er Tag)	비가 오는	bi-ga o-neun
nieseln (vi)	이슬비가 내리다	i-seul-bi-ga nae-ri-da

strömender Regen (m)	억수	eok-su
Regenschauer (m)	호우	ho-u
stark (-er Regen)	심한	sim-han
Pfütze (f)	웅덩이	ung-deong-i
nass werden (vi)	젖다	jeot-da
Nebel (m)	안개	an-gae

neblig (-er Tag)	안개가 자욱한	an-gae-ga ja-uk-an
Schnee (m)	눈	nun
Es schneit	눈이 오다	nun-i o-da

86. Unwetter Naturkatastrophen

Gewitter (n)	뇌우	noe-u
Blitz (m)	번개	beon-gae
blitzen (vi)	번쩍이다	beon-jjeo-gi-da

Donner (m)	천둥	cheon-dung
donnern (vi)	천둥이 치다	cheon-dung-i chi-da
Es donnert	천둥이 치다	cheon-dung-i chi-da

| Hagel (m) | 싸락눈 | ssa-rang-nun |
| Es hagelt | 싸락눈이 내리다 | ssa-rang-nun-i nae-ri-da |

| überfluten (vt) | 범람하다 | beom-nam-ha-da |
| Überschwemmung (f) | 홍수 | hong-su |

Erdbeben (n)	지진	ji-jin
Erschütterung (f)	진동	jin-dong
Epizentrum (n)	진앙	jin-ang

| Ausbruch (m) | 폭발 | pok-bal |
| Lava (f) | 용암 | yong-am |

Wirbelsturm (m)	회오리바람	hoe-o-ri-ba-ram
Tornado (m)	토네이도	to-ne-i-do
Taifun (m)	태풍	tae-pung

Orkan (m)	허리케인	heo-ri-ke-in
Sturm (m)	폭풍우	pok-pung-u
Tsunami (m)	해일	hae-il

Brand (m)	불	bul
Katastrophe (f)	재해	jae-hae
Meteorit (m)	운석	un-seok

Lawine (f)	눈사태	nun-sa-tae
Schneelawine (f)	눈사태	nun-sa-tae
Schneegestöber (n)	눈보라	nun-bo-ra
Schneesturm (m)	눈보라	nun-bo-ra

FAUNA

87. Säugetiere. Raubtiere

Raubtier (n)	육식 동물	yuk-sik dong-mul
Tiger (m)	호랑이	ho-rang-i
Löwe (m)	사자	sa-ja
Wolf (m)	이리	i-ri
Fuchs (m)	여우	yeo-u
Jaguar (m)	재규어	jae-gyu-eo
Leopard (m)	표범	pyo-beom
Gepard (m)	치타	chi-ta
Puma (m)	퓨마	pyu-ma
Schneeleopard (m)	눈표범	nun-pyo-beom
Luchs (m)	스라소니	seu-ra-so-ni
Kojote (m)	코요테	ko-yo-te
Schakal (m)	재칼	jae-kal
Hyäne (f)	하이에나	ha-i-e-na

88. Tiere in freier Wildbahn

Tier (n)	동물	dong-mul
Bestie (f)	짐승	jim-seung
Eichhörnchen (n)	다람쥐	da-ram-jwi
Igel (m)	고슴도치	go-seum-do-chi
Hase (m)	토끼	to-kki
Kaninchen (n)	굴토끼	gul-to-kki
Dachs (m)	오소리	o-so-ri
Waschbär (m)	너구리	neo-gu-ri
Hamster (m)	햄스터	haem-seu-teo
Murmeltier (n)	마멋	ma-meot
Maulwurf (m)	두더지	du-deo-ji
Maus (f)	생쥐	saeng-jwi
Ratte (f)	시궁쥐	si-gung-jwi
Fledermaus (f)	박쥐	bak-jwi
Hermelin (n)	북방족제비	buk-bang-jok-je-bi
Zobel (m)	검은담비	geo-meun-dam-bi
Marder (m)	담비	dam-bi
Nerz (m)	밍크	ming-keu
Biber (m)	비버	bi-beo
Fischotter (m)	수달	su-dal

Pferd (n)	말	mal
Elch (m)	엘크, 무스	el-keu, mu-seu
Hirsch (m)	사슴	sa-seum
Kamel (n)	낙타	nak-ta

Bison (m)	미국들소	mi-guk-deul-so
Wisent (m)	유럽들소	yu-reop-deul-so
Büffel (m)	물소	mul-so

Zebra (n)	얼룩말	eol-lung-mal
Antilope (f)	영양	yeong-yang
Reh (n)	노루	no-ru
Damhirsch (m)	다마사슴	da-ma-sa-seum
Gämse (f)	샤모아	sya-mo-a
Wildschwein (n)	멧돼지	met-dwae-ji

Wal (m)	고래	go-rae
Seehund (m)	바다표범	ba-da-pyo-beom
Walroß (n)	바다코끼리	ba-da-ko-kki-ri
Seebär (m)	물개	mul-gae
Delfin (m)	돌고래	dol-go-rae

Bär (m)	곰	gom
Eisbär (m)	북극곰	buk-geuk-gom
Panda (m)	판다	pan-da

Affe (m)	원숭이	won-sung-i
Schimpanse (m)	침팬지	chim-paen-ji
Orang-Utan (m)	오랑우탄	o-rang-u-tan
Gorilla (m)	고릴라	go-ril-la
Makak (m)	마카크	ma-ka-keu
Gibbon (m)	긴팔원숭이	gin-pa-rwon-sung-i

Elefant (m)	코끼리	ko-kki-ri
Nashorn (n)	코뿔소	ko-ppul-so
Giraffe (f)	기린	gi-rin
Flusspferd (n)	하마	ha-ma

| Känguru (n) | 캥거루 | kaeng-geo-ru |
| Koala (m) | 코알라 | ko-al-la |

Manguste (f)	몽구스	mong-gu-seu
Chinchilla (n)	친칠라	chin-chil-la
Stinktier (n)	스컹크	seu-keong-keu
Stachelschwein (n)	호저	ho-jeo

89. Haustiere

| Katze (f) | 고양이 | go-yang-i |
| Kater (m) | 수고양이 | su-go-yang-i |

Pferd (n)	말	mal
Hengst (m)	수말, 종마	su-mal, jong-ma
Stute (f)	암말	am-mal

Kuh (f)	암소	am-so
Stier (m)	황소	hwang-so
Ochse (m)	수소	su-so

Schaf (n)	양, 암양	yang, a-myang
Widder (m)	수양	su-yang
Ziege (f)	염소	yeom-so
Ziegenbock (m)	숫염소	sun-nyeom-so

Esel (m)	당나귀	dang-na-gwi
Maultier (n)	노새	no-sae

Schwein (n)	돼지	dwae-ji
Ferkel (n)	돼지 새끼	dwae-ji sae-kki
Kaninchen (n)	집토끼	jip-to-kki

Huhn (n)	암닭	am-tak
Hahn (m)	수닭	su-tak

Ente (f)	집오리	ji-bo-ri
Enterich (m)	수오리	su-o-ri
Gans (f)	집거위	jip-geo-wi

Puter (m)	수칠면조	su-chil-myeon-jo
Pute (f)	칠면조	chil-myeon-jo

Haustiere (pl)	가축	ga-chuk
zahm	길들여진	gil-deu-ryeo-jin
zähmen (vt)	길들이다	gil-deu-ri-da
züchten (vt)	사육하다, 기르다	sa-yuk-a-da, gi-reu-da

Farm (f)	농장	nong-jang
Geflügel (n)	가금	ga-geum
Vieh (n)	가축	ga-chuk
Herde (f)	떼	tte

Pferdestall (m)	마구간	ma-gu-gan
Schweinestall (m)	돼지 우리	dwae-ji u-ri
Kuhstall (m)	외양간	oe-yang-gan
Kaninchenstall (m)	토끼장	to-kki-jang
Hühnerstall (m)	닭장	dak-jang

90. Vögel

Vogel (m)	새	sae
Taube (f)	비둘기	bi-dul-gi
Spatz (m)	참새	cham-sae
Meise (f)	박새	bak-sae
Elster (f)	까치	kka-chi

Rabe (m)	갈가마귀	gal-ga-ma-gwi
Krähe (f)	까마귀	kka-ma-gwi
Dohle (f)	갈가마귀	gal-ga-ma-gwi
Saatkrähe (f)	떼까마귀	ttae-kka-ma-gwi

Ente (f)	오리	o-ri
Gans (f)	거위	geo-wi
Fasan (m)	꿩	kkwong

Adler (m)	독수리	dok-su-ri
Habicht (m)	매	mae
Falke (m)	매	mae
Greif (m)	독수리, 콘도르	dok-su-ri, kon-do-reu
Kondor (m)	콘도르	kon-do-reu

Schwan (m)	백조	baek-jo
Kranich (m)	두루미	du-ru-mi
Storch (m)	황새	hwang-sae
Papagei (m)	앵무새	aeng-mu-sae
Kolibri (m)	벌새	beol-sae
Pfau (m)	공작	gong-jak

Strauß (m)	타조	ta-jo
Reiher (m)	왜가리	wae-ga-ri
Flamingo (m)	플라밍고	peul-la-ming-go
Pelikan (m)	펠리컨	pel-li-keon

Nachtigall (f)	나이팅게일	na-i-ting-ge-il
Schwalbe (f)	제비	je-bi
Drossel (f)	지빠귀	ji-ppa-gwi
Singdrossel (f)	노래지빠귀	no-rae-ji-ppa-gwi
Amsel (f)	대륙검은지빠귀	dae-ryuk-geo-meun-ji-ppa-gwi

Segler (m)	칼새	kal-sae
Lerche (f)	종다리	jong-da-ri
Wachtel (f)	메추라기	me-chu-ra-gi

Specht (m)	딱따구리	ttak-tta-gu-ri
Kuckuck (m)	뻐꾸기	ppeo-kku-gi
Eule (f)	올빼미	ol-ppae-mi
Uhu (m)	수리부엉이	su-ri-bu-eong-i
Auerhahn (m)	큰뇌조	keun-noe-jo
Birkhahn (m)	멧닭	met-dak
Rebhuhn (n)	자고	ja-go

Star (m)	찌르레기	jji-reu-re-gi
Kanarienvogel (m)	카나리아	ka-na-ri-a
Buchfink (m)	되새	doe-sae
Gimpel (m)	피리새	pi-ri-sae

Möwe (f)	갈매기	gal-mae-gi
Albatros (m)	신천옹	sin-cheon-ong
Pinguin (m)	펭귄	peng-gwin

91. Fische. Meerestiere

| Brachse (f) | 도미류 | do-mi-ryu |
| Karpfen (m) | 잉어 | ing-eo |

Barsch (m)	농어의 일종	nong-eo-ui il-jong
Wels (m)	메기	me-gi
Hecht (m)	북부민물꼬치고기	buk-bu-min-mul-kko-chi-go-gi

| Lachs (m) | 연어 | yeon-eo |
| Stör (m) | 철갑상어 | cheol-gap-sang-eo |

Hering (m)	청어	cheong-eo
atlantische Lachs (m)	대서양 연어	dae-seo-yang yeon-eo
Makrele (f)	고등어	go-deung-eo
Scholle (f)	넙치	neop-chi

Dorsch (m)	대구	dae-gu
Tunfisch (m)	참치	cham-chi
Forelle (f)	송어	song-eo

Aal (m)	뱀장어	baem-jang-eo
Zitterrochen (m)	시끈가오리	si-kkeun-ga-o-ri
Muräne (f)	곰치	gom-chi
Piranha (m)	피라니아	pi-ra-ni-a

Hai (m)	상어	sang-eo
Delfin (m)	돌고래	dol-go-rae
Wal (m)	고래	go-rae

Krabbe (f)	게	ge
Meduse (f)	해파리	hae-pa-ri
Krake (m)	낙지	nak-ji

Seestern (m)	불가사리	bul-ga-sa-ri
Seeigel (m)	성게	seong-ge
Seepferdchen (n)	해마	hae-ma

Auster (f)	굴	gul
Garnele (f)	새우	sae-u
Hummer (m)	바닷가재	ba-dat-ga-jae
Languste (f)	대하	dae-ha

92. Amphibien Reptilien

| Schlange (f) | 뱀 | baem |
| Gift-, giftig | 독이 있는 | do-gi in-neun |

Viper (f)	살무사	sal-mu-sa
Kobra (f)	코브라	ko-beu-ra
Python (m)	비단뱀	bi-dan-baem
Boa (f)	보아	bo-a

Ringelnatter (f)	풀뱀	pul-baem
Klapperschlange (f)	방울뱀	bang-ul-baem
Anakonda (f)	아나콘다	a-na-kon-da

| Eidechse (f) | 도마뱀 | do-ma-baem |
| Leguan (m) | 이구아나 | i-gu-a-na |

Salamander (m)	도롱뇽	do-rong-nyong
Chamäleon (n)	카멜레온	ka-mel-le-on
Skorpion (m)	전갈	jeon-gal

Schildkröte (f)	거북	geo-buk
Frosch (m)	개구리	gae-gu-ri
Kröte (f)	두꺼비	du-kkeo-bi
Krokodil (n)	악어	a-geo

93. Insekten

Insekt (n)	곤충	gon-chung
Schmetterling (m)	나비	na-bi
Ameise (f)	개미	gae-mi
Fliege (f)	파리	pa-ri
Mücke (f)	모기	mo-gi
Käfer (m)	딱정벌레	ttak-jeong-beol-le

Wespe (f)	말벌	mal-beol
Biene (f)	꿀벌	kkul-beol
Hummel (f)	호박벌	ho-bak-beol
Bremse (f)	쇠파리	soe-pa-ri

| Spinne (f) | 거미 | geo-mi |
| Spinnennetz (n) | 거미줄 | geo-mi-jul |

Libelle (f)	잠자리	jam-ja-ri
Grashüpfer (m)	메뚜기	me-ttu-gi
Schmetterling (m)	나방	na-bang

Schabe (f)	바퀴벌레	ba-kwi-beol-le
Zecke (f)	진드기	jin-deu-gi
Floh (m)	벼룩	byeo-ruk
Kriebelmücke (f)	깔따구	kkal-tta-gu

Heuschrecke (f)	메뚜기	me-ttu-gi
Schnecke (f)	달팽이	dal-paeng-i
Heimchen (n)	귀뚜라미	gwi-ttu-ra-mi
Leuchtkäfer (m)	개똥벌레	gae-ttong-beol-le
Marienkäfer (m)	무당벌레	mu-dang-beol-le
Maikäfer (m)	왕풍뎅이	wang-pung-deng-i

Blutegel (m)	거머리	geo-meo-ri
Raupe (f)	애벌레	ae-beol-le
Wurm (m)	지렁이	ji-reong-i
Larve (f)	애벌레	ae-beol-le

FLORA

94. Bäume

Baum (m)	나무	na-mu
Laub-	낙엽수의	na-gyeop-su-ui
Nadel-	침엽수의	chi-myeop-su-ui
immergrün	상록의	sang-no-gui
Apfelbaum (m)	사과나무	sa-gwa-na-mu
Birnbaum (m)	배나무	bae-na-mu
Kirschbaum (m)	벚나무	beon-na-mu
Pflaumenbaum (m)	자두나무	ja-du-na-mu
Birke (f)	자작나무	ja-jang-na-mu
Eiche (f)	오크	o-keu
Linde (f)	보리수	bo-ri-su
Espe (f)	사시나무	sa-si-na-mu
Ahorn (m)	단풍나무	dan-pung-na-mu
Fichte (f)	가문비나무	ga-mun-bi-na-mu
Kiefer (f)	소나무	so-na-mu
Lärche (f)	낙엽송	na-gyeop-song
Tanne (f)	전나무	jeon-na-mu
Zeder (f)	시다	si-da
Pappel (f)	포플러	po-peul-leo
Vogelbeerbaum (m)	마가목	ma-ga-mok
Weide (f)	버드나무	beo-deu-na-mu
Erle (f)	오리나무	o-ri-na-mu
Buche (f)	너도밤나무	neo-do-bam-na-mu
Ulme (f)	느릅나무	neu-reum-na-mu
Esche (f)	물푸레나무	mul-pu-re-na-mu
Kastanie (f)	밤나무	bam-na-mu
Magnolie (f)	목련	mong-nyeon
Palme (f)	야자나무	ya-ja-na-mu
Zypresse (f)	사이프러스	sa-i-peu-reo-seu
Mangrovenbaum (m)	맹그로브	maeng-geu-ro-beu
Baobab (m)	바오밥나무	ba-o-bam-na-mu
Eukalyptus (m)	유칼립투스	yu-kal-lip-tu-seu
Mammutbaum (m)	세쿼이아	se-kwo-i-a

95. Büsche

Strauch (m)	덤불	deom-bul
Gebüsch (n)	관목	gwan-mok

| Weinstock (m) | 포도 덩굴 | po-do deong-gul |
| Weinberg (m) | 포도밭 | po-do-bat |

Himbeerstrauch (m)	라즈베리	ra-jeu-be-ri
rote Johannisbeere (f)	레드커런트 나무	re-deu-keo-reon-teu na-mu
Stachelbeerstrauch (m)	구스베리 나무	gu-seu-be-ri na-mu

Akazie (f)	아카시아	a-ka-si-a
Berberitze (f)	매자나무	mae-ja-na-mu
Jasmin (m)	재스민	jae-seu-min

Wacholder (m)	두송	du-song
Rosenstrauch (m)	장미 덤불	jang-mi deom-bul
Heckenrose (f)	찔레나무	jjil-le-na-mu

96. Obst. Beeren

Apfel (m)	사과	sa-gwa
Birne (f)	배	bae
Pflaume (f)	자두	ja-du
Erdbeere (f)	딸기	ttal-gi
Sauerkirsche (f)	신양	si-nyang
Süßkirsche (f)	양벚나무	yang-beon-na-mu
Weintrauben (pl)	포도	po-do

Himbeere (f)	라즈베리	ra-jeu-be-ri
schwarze Johannisbeere (f)	블랙커런트	beul-laek-keo-ren-teu
rote Johannisbeere (f)	레드커런트	re-deu-keo-ren-teu
Stachelbeere (f)	구스베리	gu-seu-be-ri
Moosbeere (f)	크랜베리	keu-raen-be-ri
Apfelsine (f)	오렌지	o-ren-ji
Mandarine (f)	귤	gyul
Ananas (f)	파인애플	pa-in-ae-peul
Banane (f)	바나나	ba-na-na
Dattel (f)	대추야자	dae-chu-ya-ja

Zitrone (f)	레몬	re-mon
Aprikose (f)	살구	sal-gu
Pfirsich (m)	복숭아	bok-sung-a
Kiwi (f)	키위	ki-wi
Grapefruit (f)	자몽	ja-mong

Beere (f)	장과	jang-gwa
Beeren (pl)	장과류	jang-gwa-ryu
Preiselbeere (f)	월귤나무	wol-gyul-la-mu
Walderdbeere (f)	야생딸기	ya-saeng-ttal-gi
Heidelbeere (f)	빌베리	bil-be-ri

97. Blumen. Pflanzen

| Blume (f) | 꽃 | kkot |
| Blumenstrauß (m) | 꽃다발 | kkot-da-bal |

Rose (f)	장미	jang-mi
Tulpe (f)	튤립	tyul-lip
Nelke (f)	카네이션	ka-ne-i-syeon
Gladiole (f)	글라디올러스	geul-la-di-ol-leo-seu

Kornblume (f)	수레국화	su-re-guk-wa
Glockenblume (f)	실잔대	sil-jan-dae
Löwenzahn (m)	민들레	min-deul-le
Kamille (f)	캐모마일	kae-mo-ma-il

Aloe (f)	알로에	al-lo-e
Kaktus (m)	선인장	seon-in-jang
Gummibaum (m)	고무나무	go-mu-na-mu

Lilie (f)	백합	baek-ap
Geranie (f)	제라늄	je-ra-nyum
Hyazinthe (f)	히아신스	hi-a-sin-seu

Mimose (f)	미모사	mi-mo-sa
Narzisse (f)	수선화	su-seon-hwa
Kapuzinerkresse (f)	한련	hal-lyeon

Orchidee (f)	난초	nan-cho
Pfingstrose (f)	모란	mo-ran
Veilchen (n)	바이올렛	ba-i-ol-let

Stiefmütterchen (n)	팬지	paen-ji
Vergissmeinnicht (n)	물망초	mul-mang-cho
Gänseblümchen (n)	데이지	de-i-ji

Mohn (m)	양귀비	yang-gwi-bi
Hanf (m)	삼	sam
Minze (f)	박하	bak-a

| Maiglöckchen (n) | 은방울꽃 | eun-bang-ul-kkot |
| Schneeglöckchen (n) | 스노드롭 | seu-no-deu-rop |

Brennnessel (f)	쐐기풀	sswae-gi-pul
Sauerampfer (m)	수영	su-yeong
Seerose (f)	수련	su-ryeon
Farn (m)	고사리	go-sa-ri
Flechte (f)	이끼	i-kki

Gewächshaus (n)	온실	on-sil
Rasen (m)	잔디	jan-di
Blumenbeet (n)	꽃밭	kkot-bat

Pflanze (f)	식물	sing-mul
Gras (n)	풀	pul
Grashalm (m)	풀잎	pu-rip

Blatt (n)	잎	ip
Blütenblatt (n)	꽃잎	kko-chip
Stiel (m)	줄기	jul-gi
Knolle (f)	구근	gu-geun
Jungpflanze (f)	새싹	sae-ssak

Dorn (m)	가시	ga-si
blühen (vi)	피우다	pi-u-da
welken (vi)	시들다	si-deul-da
Geruch (m)	향기	hyang-gi
abschneiden (vt)	자르다	ja-reu-da
pflücken (vt)	따다	tta-da

98. Getreide, Körner

Getreide (n)	곡물	gong-mul
Getreidepflanzen (pl)	곡류	gong-nyu
Ähre (f)	이삭	i-sak

Weizen (m)	밀	mil
Roggen (m)	호밀	ho-mil
Hafer (m)	귀리	gwi-ri
Hirse (f)	수수, 기장	su-su, gi-jang
Gerste (f)	보리	bo-ri

Mais (m)	옥수수	ok-su-su
Reis (m)	쌀	ssal
Buchweizen (m)	메밀	me-mil

Erbse (f)	완두	wan-du
weiße Bohne (f)	강낭콩	gang-nang-kong
Sojabohne (f)	콩	kong
Linse (f)	렌즈콩	ren-jeu-kong
Bohnen (pl)	콩	kong

LÄNDER DER WELT

99. Länder. Teil 1

Afghanistan	아프가니스탄	a-peu-ga-ni-seu-tan
Ägypten	이집트	i-jip-teu
Albanien	알바니아	al-ba-ni-a
Argentinien	아르헨티나	a-reu-hen-ti-na
Armenien	아르메니아	a-reu-me-ni-a
Aserbaidschan	아제르바이잔	a-je-reu-ba-i-jan
Australien	호주	ho-ju
Bangladesch	방글라데시	bang-geul-la-de-si
Belgien	벨기에	bel-gi-e
Bolivien	볼리비아	bol-li-bi-a
Bosnien und Herzegowina	보스니아 헤르체코비나	bo-seu-ni-a he-reu-che-ko-bi-na
Brasilien	브라질	beu-ra-jil
Bulgarien	불가리아	bul-ga-ri-a
Chile	칠레	chil-le
China	중국	jung-guk
Dänemark	덴마크	den-ma-keu
Deutschland	독일	do-gil
Die Bahamas	바하마	ba-ha-ma
Die Vereinigten Staaten	미국	mi-guk
Dominikanische Republik	도미니카 공화국	do-mi-ni-ka gong-hwa-guk
Ecuador	에콰도르	e-kwa-do-reu
England	잉글랜드	ing-geul-laen-deu
Estland	에스토니아	e-seu-to-ni-a
Finnland	핀란드	pil-lan-deu
Frankreich	프랑스	peu-rang-seu
Französisch-Polynesien	폴리네시아	pol-li-ne-si-a
Georgien	그루지야	geu-ru-ji-ya
Ghana	가나	ga-na
Griechenland	그리스	geu-ri-seu
Großbritannien	영국	yeong-guk
Haiti	아이티	a-i-ti
Indien	인도	in-do
Indonesien	인도네시아	in-do-ne-si-a
Irak	이라크	i-ra-keu
Iran	이란	i-ran
Irland	아일랜드	a-il-laen-deu
Island	아이슬란드	a-i-seul-lan-deu
Israel	이스라엘	i-seu-ra-el
Italien	이탈리아	i-tal-li-a

100. Länder. Teil 2

Jamaika	자메이카	ja-me-i-ka
Japan	일본	il-bon
Jordanien	요르단	yo-reu-dan
Kambodscha	캄보디아	kam-bo-di-a
Kanada	캐나다	kae-na-da
Kasachstan	카자흐스탄	ka-ja-heu-seu-tan
Kenia	케냐	ke-nya
Kirgisien	키르기스스탄	ki-reu-gi-seu-seu-tan
Kolumbien	콜롬비아	kol-lom-bi-a
Kroatien	크로아티아	keu-ro-a-ti-a
Kuba	쿠바	ku-ba
Kuwait	쿠웨이트	ku-we-i-teu
Laos	라오스	ra-o-seu
Lettland	라트비아	ra-teu-bi-a
Libanon (m)	레바논	re-ba-non
Libyen	리비아	ri-bi-a
Liechtenstein	리히텐슈타인	ri-hi-ten-syu-ta-in
Litauen	리투아니아	ri-tu-a-ni-a
Luxemburg	룩셈부르크	ruk-sem-bu-reu-keu
Madagaskar	마다가스카르	ma-da-ga-seu-ka-reu
Makedonien	마케도니아	ma-ke-do-ni-a
Malaysia	말레이시아	mal-le-i-si-a
Malta	몰타	mol-ta
Marokko	모로코	mo-ro-ko
Mexiko	멕시코	mek-si-ko
Moldawien	몰도바	mol-do-ba
Monaco	모나코	mo-na-ko
Mongolei (f)	몽골	mong-gol
Montenegro	몬테네그로	mon-te-ne-geu-ro
Myanmar	미얀마	mi-yan-ma
Namibia	나미비아	na-mi-bi-a
Nepal	네팔	ne-pal
Neuseeland	뉴질랜드	nyu-jil-laen-deu
Niederlande (f)	네덜란드	ne-deol-lan-deu
Nordkorea	북한	buk-an
Norwegen	노르웨이	no-reu-we-i
Österreich	오스트리아	o-seu-teu-ri-a

101. Länder. Teil 3

Pakistan	파키스탄	pa-ki-seu-tan
Palästina	팔레스타인	pal-le-seu-ta-in
Panama	파나마	pa-na-ma
Paraguay	파라파이	pa-ra-gwa-i
Peru	페루	pe-ru
Polen	폴란드	pol-lan-deu
Portugal	포르투갈	po-reu-tu-gal

Republik Südafrika	남아프리카 공화국	nam-a-peu-ri-ka gong-hwa-guk
Rumänien	루마니아	ru-ma-ni-a
Russland	러시아	reo-si-a
Sansibar	잔지바르	jan-ji-ba-reu
Saudi-Arabien	사우디아라비아	sa-u-di-a-ra-bi-a
Schottland	스코틀랜드	seu-ko-teul-laen-deu
Schweden	스웨덴	seu-we-den
Schweiz (f)	스위스	seu-wi-seu
Senegal	세네갈	se-ne-gal
Serbien	세르비아	se-reu-bi-a
Slowakei (f)	슬로바키아	seul-lo-ba-ki-a
Slowenien	슬로베니아	seul-lo-be-ni-a
Spanien	스페인	seu-pe-in
Südkorea	한국	han-guk
Suriname	수리남	su-ri-nam
Syrien	시리아	si-ri-a
Tadschikistan	타지키스탄	ta-ji-ki-seu-tan
Taiwan	대만	dae-man
Tansania	탄자니아	tan-ja-ni-a
Tasmanien	태즈메이니아	tae-jeu-me-i-ni-a
Thailand	태국	tae-guk
Tschechien	체코	che-ko
Tunesien	뛰니지	twi-ni-ji
Türkei (f)	터키	teo-ki
Turkmenistan	투르크메니스탄	tu-reu-keu-me-ni-seu-tan
Ukraine (f)	우크라이나	u-keu-ra-i-na
Ungarn	헝가리	heong-ga-ri
Uruguay	우루과이	u-ru-gwa-i
Usbekistan	우즈베키스탄	u-jeu-be-ki-seu-tan
Vatikan (m)	바티칸	ba-ti-kan
Venezuela	베네수엘라	be-ne-su-el-la
Vereinigten Arabischen Emirate	아랍에미리트	a-ra-be-mi-ri-teu
Vietnam	베트남	be-teu-nam
Weißrussland	벨로루시	bel-lo-ru-si
Zypern	키프로스	ki-peu-ro-seu